ESTUDIOS BÍBLICOS LIBERADORES

VOLUMEN 2

RECLUTAMIENTO RADICAL DE DIOS

BOB EKBLAD

Traducido por Rocío Sigüenza López

THE PEOPLE'S SEMINARY PRESS

ESTUDIOS BÍBLICOS LIBERADORES
VOLUMEN 2
Reclutamiento Radical De Dios

Publicado originalmente en inglés bajo el título *Guerrilla Bible Studies, Volume 2, God's Radical Recruiting* © 2020 por Bob Ekblad
The People's Seminary Press
P.O. BOX 410
Burlington, WA 98233
www.peoplesseminary.org

ISBN: 978-1-954387-13-3

Traducción por: Rocío Sigüenza López

Diseño de portada por: Jim LePage
Diseño interior por: Vickie Frye, Typrographical Creations

Hecho en los Estados Unidos.

PRÓLOGO

Jesús de Nazareth es mi inspiración para la vida, el ministerio y para lo que me gusta llamar "estudios bíblicos liberadores" ou bien "estudios bíblicos guerrilleros". La vida y las enseñanzas de Jesús, como consta en los Evangelios del Nuevo Testamento, que expresan que la palabra evangelio significa "la buena nueva" o "mensaje liberador". De acuerdo a las escrituras del Nuevo Testamento, Jesús es el Hijo de Dios, el Mesías de Israel y Dios mismo en carne. Nació en un mundo marcado por la opresión y la injusticia, para anunciar y encarnar, la misión liberadora de Dios.

Uso el término de estudios bíblicos guerrilleros, para alertar a los lectores, la manera en que Jesús inició un movimiento desde el interior del orden establecido, que desafió el status quo, radicalmente; y, también, para enlazar estos estudios con mi libro *Evangelio liberador: lectura de la Biblia para la liberación con el poder del espíritu*. Jesús vino para traernos un cambio liberador, tanto desde abajo, como desde arriba; ya que él vino de arriba y a dar ministerio desde las márgenes, sirviendo a la gente común de su tiempo, desde Galilea y Samaria, hasta Jerusalén.

Como un insurgente, Jesús llega desapercibido, atrás de la línea del enemigo, estableciendo una base de confianza con una comitiva, en crecimiento, de humildes seguidores. Desafía a las autoridades de su tiempo junto con su sistema legal y llama a otros a que se le unan.

Incita a una revolución, la cual llama el Reino de Dios, comienza de incógnito, pero después de su bautizo a la edad de 30 años, se hace público.

Enseña y da ministerio, con una autoridad sin precedentes, extraordinaria, la cual se respalda con hechos de sanación, de defensa, de predicación, de liberación al oprimido, al pobre y al desposeído. En las muchas reuniones de Jesús, en los Evangelios, infringe las normas establecidas para defender a los marginados. Se enfrenta a poderes tanto visibles e invisibles y modela una batalla espiritual integral que trae una liberación.

Jesús encontró y llamó a gente común para que lo siguieran, para que se convirtieran en sus discípulos. Lo llama a usted, a mi y a todos, a que se unan a anunciar la Buena Nueva de la venida del Reino de Dios tanto en la tierra, como en el cielo.

Me impulsa el modo en que Jesús ama tanto a la gente, de manera convincente; donde sea que va, busca y encuentra al perdido y al desamparado, levanta al oprimido y al desesperado, ofrece abundante vida a todos los que lo siguen. Leer sobre Jesús en los Evangelios me inspira a seguirlo, a profundizar con él, a adaptar sus enseñanzas a mi vida cotidiana y a trabajar con él para alcanzar a otros con la Buena Nueva, que él encarna y proclama por todo el Nuevo Testamento. Estudiar y enseñar la vida de Jesús nos ayuda a identificar la presencia de este mismo Dios en las lecturas del Antiguo Testamento.

Escribí *Estudios bíblicos liberadores*, quince años después de *Para leer la Biblia con el condenado*, mi primer intento de comunicar una manera liberadora de leer la Biblia. Los estudios en este volumen se diseñaron para ser guías concretas para instructores de estudios bíblicos o para personas que hacen su estudio bíblico personal. Este segundo volumen de *El reclutamiento radical de Dios*, sigue al primer volumen, *Sorprendentes encuentros con Dios*, y ofrece trece estudios bíblicos adicionales diseñados para aquellos que tienen mínimo o ningún contacto con la fe cristiana. La correspondiente serie de *Estudios bíblicos liberadores* se diseñaron para gente que está vislumbrando su llamado, como discípulos de Jesús y quiere embarcarse en un venturoso viaje de promover estudios bíblicos liberadores. Cuando vemos a Jesús que se relaciona con la gente durante su ministerio terrenal, vemos cómo se mueve con libertad, sabiduría y poder, combinando sus enseñanzas con señas y maravillas que confirman sus palabras.

Conforme vaya cambiando los estudios, espero que el Dios viviente lo vaya guiando personalmente, "aquel que los llamó de las tinieblas a su luz admirable" (1 Ped 2:9).

La Biblia nos cuenta la búsqueda, la liberación y el reclutamiento de Dios a los seres humanos como agentes de bendición para el mundo. Dios llama a la gente a través de la Escritura, enviándolos como anunciadores y agentes de cambio para llevar la salvación a todos los rincones de la tierra. Este segundo volumen de *Estudios bíblicos liberadores: el reclutamiento de un Dios radical*, que le sigue al primer volumen, *Sorprendentes encuentros con Dios*, es el segundo de una serie de cuatro secuelas de *El Evangelio liberador: lectura de la Biblia para una liberación en el poder del Espíritu*.

En esta colección encontrará guías fáciles, para facilitar estudios bíblicos liberadores, en la que se incluye un ejemplo nuevo de estudio bíblico, sobre el llamado de Jefté, en Jueces 11. Estos trece estudios bíblicos se han puesto a prueba y ensayado en cárceles, comunidades rurales en el Hemisferio sur, dentro de la sociedad estadounidense, en centros misioneros en Europa y en escuelas de Teología a niveles de posgrado. Cada estudio se enfoca en el reclutamiento de Dios, sobre las personas que se unen a un movimiento de liberación, le ofrece preguntas y sugerencias a los facilitadores para guiar el estudio, explicaciones e información sobre los antecedentes del texto, así como invitaciones y llamados a actuar, de los participantes.

CÓMO USAR ESTA GUÍA

Los *Estudios bíblicos liberadores* pueden usarse como estudio personal o una guía para dirigir estudios bíblicos con otros. Si su plan es dirigir los estudios con otros, es importante repasar cada estudio bíblico primero para que se pueda encontrar la buena nueva y hacer su propio estudio bíblico.

La introducción es una guía paso a paso para moderar estudios bíblicos liberadores que adapté de *Evangelio liberador: lectura de la Biblia para una liberación con el poder del Espíritu.*

Los capítulos del uno al trece consisten de trece estudios bíblicos que incluyen el pasaje de la Escritura, preguntas, notas aclaratorias, información histórica e instrucciones para invitar a comentar. Estos estudios se hacen en 30 minutos, aunque lo ideal serían de 45 a 60 minutos. Los moderadores pueden hacer muchas preguntas y muchas observaciones en estos estudios, lo cual dependerá de las necesidades de su entorno y de la dirección del Espíritu.

Mi versión preferida de la Biblia en ingles es la New American Standard Bible, la cual es una traducción literal muy justa de los idiomas bíblicos originales. Hay otras versiones que se pueden usar en su lugar. Explicaciones documentadas sobre idiomas y explicaciones textuales siempre van a ser de gran ayuda, independientemente de la versión que se use, para esto se requerirá la preparación del moderador.

La colección de estudios bíblicos en este volumen se diseñó para ayudar a la gente a conocer a Dios viendo cómo Dios está presente, para crear, salvar, llamar y sanar, en los textos seleccionados. Volúmenes futuros ofrecerán estudios adicionales para ayudar a la gente a avanzar en el crecimiento de su fe.

CONTENIDO

GLOSARIO DE TÉRMINOS

Guía de estudio	Notas
Introducción	Al principio del estudio bíblico, se dará una pequeña introducción a la historia que van a leer juntos.
Antecedentes	En algunas historias es importante incluir información de lo que pasa antes de la historia principal que van a discutir en el estudio.
Lectura 📖 Se invita a alguien a leer en voz alta el pasaje designado de la historia.	
Explicación ✓	Se ofrece una explicación de la lectura. No haga preguntas a la gente que la hagan sentir ignorante o que les den respuestas erróneas. (Por ejemplo: ¿Quiénes fueron los fariseos?)
Volver a leer / Lectura opcional 📖 En algunos casos, el estudio sugiere volver a leer los pasajes o ver otros en la Biblia como parte de la discución, si el tiempo lo permite.	
Preguntas ? Mire a toda la gente a su alrededor al mismo tienpo que hace preguntas. Sea amable e invite, en vez de polémico.	

Guía de estudio	Notas
Sugerencia	Para que el moderador del estudio bíblico guíe con más efectividad la conversación se hacen sugerencias ocasionalmente.
Invitación $\longrightarrow$	Las invitaciones unen a los participantes y les dan lugar a compartir sus propias experiencias o a responder personalmente a la historia de alguna manera.

PARA DIRIGIR ESTUDIOS BÍBLICOS LIBERADORES

PARA DIRIGIR ESTUDIOS BÍBLICOS LIBERADORES

PREPARACIÓN PARA DIRIGIR UN ESTUDIO BÍBLICO

Conocer a las personas con las que planea leer la Biblia ayudará a guiarlas de una manera más sensitiva y efectiva, a través de un texto bíblico. Usted puede llegar a conocer a la comunidad a la que sirve si escucha y observa cuidadosamente a las personas. Podrían ser necesario estudios adicionales para ayudarlo a entender los orígenes de la gente y sus situaciones actuales.

Lo que sigue son algunas recomendaciones para llegar a ser un moderador de estudios bíblicos eficiente.

Para encarnar el amor de Dios

Como moderadores somos mediadores de la encarnación, de la ternura y el amor sin condiciones de Dios. Nuestro objetivo principal es facilitar un encuentro entre Jesús y los individuos de nuestro grupo. Nosotros mediamos este encuentro a través de la Biblia, de nuestras historias, nuestras vivencias y orígenes. Jesús dice que cuando la gente nos recibe, ellos están recibiéndolo a él, así como al Padre que lo envió. Jesús nunca presiona o manipula a la gente a que lo siga sino que la ama sin ataduras. Algunos individuos se han encontrado cristianos que no les importan como personas sino sólo su decisión de salvación. Cuando demostramos interés en la gente como personas, preguntamos acerca de sus vidas, atendemos sus preocupaciones, ofrecemos orar por ellos y sus familias y los seguimos lo más posible que se pueda, este interés crea confianza y sana heridas que pudieron ser causadas por una aceptación condicionada vivida en otro lugar.

Identifica barreras para la relación.

Nuestras identidades únicas y nuestros orígenes pueden crear muchos obtáculos, todo depende de la subcultura de nuestras comunidades lectoras. Es importante considerar prejuicios que la gente pueda tener de nosotros y los que ellos piensen que tenemos de ellos, tales como raza, clase, identidad nacional, cultura, género, orientación sexual, partido político, religión o afiliación denominacional, y esforzarse por superar estos estereotipos negativos.

Cada uno de nosotros necesitamos redescubrir y reafirmar regularmente nuestra identidad bautismal al morir a las distinciones únicas de nuestra carne, así que nuestro status como hijo o hija de Dios será la más importante de todas nuestras actividades con la gente.

Podemos bajar o hacer que bajen sus barreras y buscar una mayor confianza y empoderamiento con nuestro grupo siendo auténticos, humildes, demostrar interés en cada uno de ellos, llevándolo a cabo, de tal manera, de no reforzar inseguridades, especialmente suposiciones de inferioridad.

Por ejemplo, en mi trabajo como capellán de la cárcel, sirvo a prisioneros de una muy amplia variedad de razas, étnias y orígenes de clase social. Los reos pueden asumir que me considero yo mismo superior a ellos, que estoy de acuerdo con el estado en cuanto a sus acusaciones, su encierro y sus sentencias, que soy un cristiano moralista y sentecioso (todo lo cual lo han experimentado probablemente), y represento la corriente de los valores blancos americanos. En mi esfuerzo de representar a Jesús como embajador del Reino de Dios; a menudo, busco, yo mismo, maneras para diferenciarme de manera natural con objeto de desafiar las inseguridades y prejuicios de la gente.

Sin embargo, nuestra razón principal como moderadores no debería ser probar que somos sensitivos, políticamente correctos o expertos transculturales que merecen la confianza de la gente. El estudio bíblico no debería convertirse en un lugar donde busquemos reivindicar, como excepciones, nuestras propias identidades a los prejuicios de la gente, que de cualquier manera siempre van a variar. Tampoco, deberíamos enfocar mucha atención en reafirmar la cultura de la gente, su orientación sexual, su afiliación de pandilla, clase social o nacionalidad. Más bien, nuestro deseo deberá enfocar la atención de la gente en Jesús. Necesitamos minimizar las barreras, de tal manera, que la gente pueda recibir la palabra viva de Dios que llega a través de nuestra mediación y a pesar de nosotros. La confianza crecerá naturalmente entre nosotros, cuando al mismo tiempo alejamos a la gente, con humildad, de nosotros mismos para dirigirlos a Jesus, quien es el Salvador de todos nosotros. Podemos imitar la actitud de Juan el Bautista hacia Jesús cuando dijo, " A él le toca crecer, y a mí menguar" (Jn 3 30).

Antes de la reunión

Prepárese, espiritualmente, mediante estudios personales, oración y adoración. Dedique tiempo ante la presencia de Dios; de modo que se nutra, pida al Espíritu Santo que lo llene y lo renueve. Pídale a sus amigos que siempre oran por usted, que intercedan antes, durante y después, por su grupo de estudios bíblicos. Llame al Espíritu Santo para que le llegue una revelación profética de las Escrituras que va a leer, para que haga las preguntas correctas y para que pueda ofrecer las palabras de sabiduría necesarias, de tal manera que pueda entablar una relación directa con los participantes.

Decida, en oración, cómo va a ordenar su tiempo para que pueda llevar a cabo sus objetivos, teniendo en cuenta los límites de tiempo, la estructura de su grupo, las peticiones especiales y otros factores. Escoja un pasaje bíblico que se base en estas consideraciones junto con su conocimiento de las necesidades de la gente, la experiencia con la fe cristiana que hayan tenido y la guía del Espíritu.

Coordine con su compañero o los miembros de su equipo, decidan el papel de cada persona, anticipadamente, para evitar confusión.

Establecer el lugar para la reunion.

Hay retos únicos al promover estudios bíblicos, todo depende de si está en la casa de alguien, en un albergue, en su centro de trabajo, en el salón de un hospital, o en la esquina de una calle. Los protocolos que se recomiendan varían mucho de cultura en cultura, así que será muy importante distinguir lo que es respetuoso en ese contexto. En cuanto sea posible, trate de encontrar un lugar de reunión para leer las Escrituras, dar ministerio y donde la gente se sienta libre para compartir sus pensamientos y sentimientos con interrupciones mínimas.

Trate de establecer el espacio para una óptima participación, siempre que sea posible, arregle las sillas, bancas o sillones en círculo . Un círculo coloca al moderador al mismo nivel o abajo de los que se reúnen, lo que crea un ambiente de igualdad y hace que la gente se sienta bien. Si se reúnen alrededor de una mesa, espacie las sillas para que los participantes se sientan cómodos. Trate de dejar suficiente espacio atrás de las sillas para que pueda caminar alrededor del grupo y orar individualmente por la gente si es necesario.

Escoja un asiento donde cada uno pueda verlo y escucharlo. Si va acompañado por otros, anímelos a buscar asientos espaciados alrededor del círculo. Esto puede ayudar a minimizar la dinámica del "nosotros-ellos", donde la atención de la gente está demasiado en usted y en sus compañeros. En algunos contextos la gente puede sentirse incómoda mirándose mutuamente y prefiere ver al moderador.

Si habla a un grupo grande desde un podio, trate de moverse al piso para minimizar la distancia física entre usted y su audiencia. Si es un invitado de otro líder, con sensibilidad prepare estos detalles previamente.

Cuando sea posible, coloque una Biblia en cada silla antes de que comience el estudio. Las cárceles locales y los penales en Estados Unidos, algunas veces, tienen solo la versión Reina-Valera, que es difícil de entender o versiones muy amenas que carecen de suficientes detalles. Hay traducciones de la Biblia, en la mayor parte de las lenguas, que usan un lenguaje que es muy difícil para mucha gente o está muy sintetizada. Para evitar esos problemas, usted puede llevar sus Biblias o hacer fotocopias del texto bíblico de la traducción a la que está acostubrado.

Si se reúne en la casa de alguien, determine la hora y el espacio para que haya el mínimo de interrupciones. Cuando llegue, espere a ser invitado a pasar y sea cuidadoso de no mirar alrededor de tal manera que apene al anfitrión. Acepte lo que sea que le ofrezcan, ya sea el único o los mejores asientos. Alguna gente se puede sentir apenada de sus condiciones de vivienda y tal vez le pidan reunirse mejor afuera. Si hay televisiones o radios prendidos, deje que su anfitrión decida apagarlos o no.

UN ESTUDIO BÍBLICO LIBERADOR

Establecer una relación con el grupo.

Para las reuniones en las cárceles locales, los penales o albergues para desamparados, es conveniente que se pare en la puerta por donde la gente va a entrar saludándolos de mano, presentándose usted mismo e invitándolos a tomar asiento. Es importante establecer una relación respetuosa con el grupo a través de presentaciones. Cuando me presento yo mismo a un grupo nuevo, trato de darles la suficiente información para establecer una confianza básica. Algunas veces comienzo por reconocer verbalmente las diferencias aparentes entre el grupo, para establecer una relación y la gente se sienta en confianza. Con los reos, me presento a ellos con algo como lo siguiente.

Hola muchachos, me llamo Roberto, soy uno de los pastores de Tierra Nueva de Burlington. He estado viniendo a esta cárcel durante 25 años y para mi es un gran privilegio estar aquí entre ustedes. Siento, en verdad, que estén prisioneros en este momento. Las cárceles locales y los penales son lugares muy difíciles y realmente no funcionan para reformar a la gente, ¿no lo creen?

Cada uno de ustedes tienen diferentes orígenes lo que los hace diferentes de los demás y diferentse al mío, también. Muchos de ustedes han sufrido de maneras que yo no puedo ni siquiera imaginarme. Ustedes tal vez vean la vida de diferente manera, y van a notar cosas en la Biblia de las que yo jamás me he dado cuenta. Nunca he sido arrestado, ni encarcelado, ni he cruzado la frontera ilegalmente, nunca he usado heroína o meth y nunca me he peleado. Aunque he tenido vivencias dolorosas, mi vida ha sido diferente a la de ustedes. Así que me gustaría escuchar lo que piensan y ver si ustedes se dan cuenta de algo que nos dé esperanza cuando leamos la Biblia juntos.

Justo al principio, invite a participar a cada uno del grupo haciéndoles saber que cada persona trae su propia perspectiva de la vida o cultural, sus dudas y su sabiduría. Cuidadosamente, y de manera amable establezca las reglas básicas necesarias y no reglamentaria para dar seguridad al grupo. La gente aprecia que se les informe acerca de lo que usted espera conseguir durante este tiempo, así como con un programa propuesto. Siempre pregunte si los participantes están de acuerdo con el plan o si tienen diferentes expectativas o ideas.

En lugares donde la gente ya se conoce, puede comenzar con un rápido registro, poniendo cuidadosa atención al tiempo que le pueda asignar a cada persona de manera que no se pase de su límite. En lugares donde la gente no se conoce entre sí, como en cárceles locales, penales, hospitales psiquiátricos, centros de retiro, déles una guía clara acerca de lo que les está pidiendo compartir, como sus nombres de pila y de dónde son. Esto humaniza a la gente, especialmente si a ellos los nombran por sus apellidos o su número de identificación de reo.

Sea cuidadoso cuando mire a los ojos a la gente, muestre honor y respeto de acuerdo a cuestiones de cultura, género y clase social. Evite mirar fijamente a la gente, sus tatuajes, sus cicatrices o los rasgos únicos de su cuerpo.

Algunas veces digo una oración como ésta como preparación para estar con la gente: "Jesús te doy mis ojos, que la gente sienta tu tierna mirada a través de mi. Ayúdame a ver a cada uno de ellos como si tu los vieras". Busque conocer a cada uno de ellos y evite mostrar favoritismo o poner mucha atención a los participantes que buscan sobresalir.

Evite lenguaje que se identifique demasiado con la gente o va más allá de su propia experiencia. Por ejemplo, si trabaja con gente afiliada a pandillas pero sus orígenes no son esos, evite tratar de ganar credibilidad de barrio al usar jerga que no es parte de su vocabulario normal También evite usar groserías ya que esto lo desprestigiaría, ofendería a los demás o provocaría un exceso de blasfemias.

Empezar con oración y adoración.

Cuando comenzamos un estudio bíblico con oración, reconocemos nuestra necesidad de la ayuda de Dios e invitamos al Espíritu a que abra nuestros corazones. Cuando me reúno con gente que no tiene antecedentes religiosos, algunas veces le explico que cuando oramos, nosotros estamos hablando con Dios. Siempre oro con mis ojos abiertos, mirando amablemente a cada uno de los reunidos alrededor del círculo.

En la zona rural de Honduras, donde los grupos a los que estaba acostumbrado a moderar, incluían personas que no iban a la iglesia, así como a católicos romanos, pentecostales y bautistas; aprendí la importancia de comenzar las reuniones con el Padrenuestro, o diciéndoles que un voluntario o yo podría dar la oración de apertura. Sin instrucciones claras, los pentecostales, simultáneamente, estallarían en oración , muchas veces en lenguas, lo que alarmaría a todo el grupo.

Orar juntos el Padrenuestro permite que todos participen de una manera ordenada y sin que se intimiden.

En muchas reuniones eso ayuda a silenciar o atar voces de acusación o burla u otras impresiones espirituales que usted haya percibido desde el principio, ya sea silenciosas o en voz alta. Podemos ejercer autoridad espiritual en consonancia con Jesús, quien dio a sus discípulos autoridad para atar y soltar espíritus (Mt 16:19; 18:18). A mi oración de apertura le incluyo, "en el nombre de Jesús acallo toda voz de acusación y burla, y doy la bienvenida a la presencia del Espíritu Santo para traer paz y seguridad". La gente que se atormenta con voces acusadoras muchas veces mencionan que estas voces mueren con estas declaraciones; las que no son oraciones a Dios pero ordenan directamente a realidades depredadoras invisibles. Algunas veces me tomo el tiempo de explicar el poder del nombre de Jesús, animando a la gente a clamar a Jesús cuando se sientan ansiosos o atormentados.

Después de la oración de apertura, considere disponer de tiempo para cantar u orar en silencio por la gente alrededor del círculo, antes de comenzar el estudio bíblico. En albergues, cárceles y penales procuro evitar que la gente cante pues no todos se saben los mismos cantos, lo que crea una dinámica de "nosotros-ellos" lo que puede hacer que las cosas comiencen de mala manera. Es más, los cantos pueden desencadenar nostalgia positiva o negativa, lo que puede crear barreras innecesarias. La gente puede sentirse presionada por las circunstancias o el remordimiento al recordar la religion en la que se crió, lo cual puede tener elementos tóxicos.

En contextos donde cantar es apropiado, escoja cantos que sean de lenguaje accessible y que trasmitan el amor de Dios. Si es posible, sería buena idea tener fotocopias de los cantos a la disposición.

En contextos donde cantar juntos no es buena idea, mucha gente acoge favorablemente que oren por ellos mientras alguien toca una guitarra y canta una alabanza de adoración contemplativa. Siempre le pido permiso a la gente, digo algo así, "Antes de comenzar nos gustaría tocar y cantar un canto de alabanza. En vez de sólo cantar, los invito a sentarse y recibir lo que Dios quiere darles para bendecirlos y renovarlos. Durante el canto, me gustaría orar silenciosamente sobre cada uno de ustedes. Si no se sienten cómodos orándoles a ustedes por cualquier razón, no se preocupen. En caso contrario, ¿Está bien que pase alrededor y ore por cada uno de ustedes?". Miro alrededor a cada una de las personas como dándoles la oportunidad a que expresen su deseo de oración o no.

Luego, invito al Espíritu Santo a que nos bendiga y nos reconforte a todos. Usualmente coloco mi mano suavemente en el hombro de cada persona, excepto cuando el reglamento no permite tocar a la gente o cuando muestra resistencia. Siempre pido permiso a la gente antes de tocarlos en el hombro. A medida que voy alrededor del círculo algunas veces me siento guiado a compartir una impresión profética acerca de una necesidad de sanamiento físico o emocional o una oración específica para una persona. Una vez que terminé de ir alrededor del círculo, pregunto si alguien necesita sanarse de las condiciones que he percibido. Luego oro, invito a la gente a colocar sus manos en la parte del cuerpo que ellos necesiten sanar. Siempre me aseguro de que la gente me dé su permiso antes de dar mi ministerio de cualquier manera.

Preparación del escenario de los encuentros liberadores.

Me mantengo abierto acerca de cómo empezar la parte del estudio bíblico, en la reunión, basado en la guía del Espíritu. Algunas veces le doy al grupo opciones de cómo usar el tiempo restante. Por ejemplo, podría comenzar con una pregunta o la descripción de un problema común que la gente enfrente, de tal manera, que la gente empiece a hablar y prepararlos a escuchar las Escrituras. En las cárceles locales o prisiones, u otros lugares institucionales, donde la gente tiene poco control de sus horarios, algunas veces, les pregunto si alguien tiene algo que le preocupe, o desearía leer o discutir algo sobre las Escrituras. O, podría comenzar con una historia, un testimonio o una señal profética de sanación o por enriquecimiento personal. Otras veces, simplemente, empiezo por leer el texto bíblico que he preparado previamente. Otra posibilidad, sería hacer un psicodrama o un bibliodrama que represente la historia, de estos salen las mejores prácticas de improvisación; ambos pueden comunicar intensamente el Evangelio y hacerlo accesible a diferentes audiencias.

Juntar voluntarios espontáneamente para que actúen la historia bíblica puede atraer la atención de la gente en una forma novedosa, particularmente cuando se combina el estudio bíblico. Algunas veces, preparo un bibliodrama sencillo, como cuando Jesús llama a Simón durante la pesca milagrosa (Luc 5: 1-11), la sanación de la mujer encorvada, (Luc 13:10-17), el encuentro de Jesús con la mujer adúltera, (Jn 4) y la sanación del hombre cojo de nacimiento, (Hech 3:1-10). Para preparar un bibliodrama improvisado, necesita saber la historia bíblica muy bien, poder pensar rápido mientras lo está haciendo y tener a alguien que le lea la historia clara y fuertemente para que todos puedan oír la Escritura conforme se actúa.

GUIE A LA GENTE A UN ENCUENTRO LIBERADOR

La Biblia comprende la enorme historia del movimiento de liberación de Dios. Dentro de este gran relato, hay pequeñas historias que se sitúan en situaciones únicas. Algunas historias o enseñanzas parecerán, inmediatamente, más relevantes para usted y para su grupo, que otras. Cuando vuelva al texto bíblico, comience por dar una pequeña explicación de por qué está invitándolos a mirar ese texto particularmente. Esto ayudará a los participantes a sentirse seguros y participar desde el principio. También, algunas personas querrán entender por qué está leyendo algo de enmedio o del final de la Biblia en vez de comenzar desde es principio como se haría con cualquier otro libro.

Después, brevemente, describa la misión de Dios en el mundo de una manera que conecte personalmente con los orígenes y la estructura del grupo. Asegúrese de usar un lenguaje simple y claro en vez de una jerga religiosa o un vocabulario teológico complicado. Es sensato determinar los puntos centrales, previamente, cuando se trate de sintetizar la Biblia para preparar un determinado texto.

Antes de ir a un ejemplo de cómo sería una introducción sintetizada, en la historia del llamado de Jefté, en Jueces 11, hay algunas cosas importantes que deben de tener en cuenta que ayudarán a su grupo a explorar la Biblia. Tenga en mente que para algunos participantes la narrativa bíblica puede ser territorio nuevo u hostil.

Consejos para explorar la Biblia

Primero, para mantener a cada uno concentrado, es buena idea dividir el relato bíblico en secciones que no sean más que de uno a tres versículos de largo. Cuando usted lee más de tres versículos de la Escritura en voz alta, la gente se distrae y pierde contenido importante, especialmente si se está leyendo en más de una lengua. Otro objetivo de leer secciones cortas de la Escritura es hacer el proceso de lectura más lento, lo cual invita a la contemplación. Al mismo tiempo, tenga en cuenta las limitaciones de tiempo, la capacidad de atención de la gente y su nivel de participación para no perder el ritmo y evitar que la gente pierda el interés. Mantener la atención de la gente es un aspecto fundamental al preparar las condiciones de revelación de un relato bíblico.

Segundo, la gente que no está familiarizada con la Biblia, se puede sentir intimidada o avergonzada cuando no pueden encontrar pronto el pasaje bíblico, así que puede decirle a la gente dónde encontrar el pasaje de la Biblia dando la página del pasaje, si es posible, distribuya fotocopias. Dé a la gente suficiente tiempo para localizar el pasaje. Si la gente tiene diferentes versiones de la Biblia con diferentes números de páginas y ve que tienen dificultad, amablemente ayude a la persona a encontrar el pasaje. Siempre trato de dispersar cualquier pena desde el principio, declarando que la Biblia tiene muchos libros diferentes y muchos de ellos son cortos y difíciles de encontrar.

Tercero, desde el principio del estudio bíblico siempre procuro disipar cualquier pena dándoles a saber que la Biblia es un libro extranjero y tiene muchas palabras, nombres y lugares que son difíciles de pronunciar. Si un lector tiene una habilidad de lectura limitada lo animo amablemente y lo ayudo con la pronunciación difícil, así que no se preocupe por la pronunciación ya que no hace ninguna diferencia para el significado (como nombres de la gente y de lugares). También, el texto bíblico cobra vida en formas nuevas cuando un lector principiante lee lenta o intermitentemente.

Cuarto, si la misma persona continua de voluntaria para leer, sugiera que alguien más que no haya leído todavía, lea los siguientes versículos o vuelva a leer un texto que necesite un estudio más profundo. Nunca presione a nadie a leer en voz alta o a que dé su opinión.

Quinto, tratar de hacer preguntas que cualquiera en el grupo pueda contestar. Nunca voy a preguntar quienes eran los fariseos o los saduceos, qué es una parábola, o por qué los líderes judíos no creían que Jesús debería sanar en el Sabbath. Son preguntas que necesitan un conocimiento previo que puede causar que la gente se sienta posiblemente tonta o avergonzada, o requiera que la tenga que corregir enfrente de todos si la respuesta no es la correcta. Prefiero ofrecérles las definiciones más esenciales yo mismo y hacer preguntas que la gente pueda contestar del pasaje bíblico que se acaba de leer. Si veo que la gente duda, los invito a volver a leer el versículo en cuestión y volver a preguntar después. Si una pregunta no da resultado, la dejo e intento con otra. Las preguntas deben mover la conversación y ayudar a la gente a determinar el significado del texto conforme lo leen relacionándolo con sus propias vidas.

Sexto, considere dividir un grupo grande en pequeños grupos para discutir versículos, preguntas, equivalencias contemporáneas o respuestas posibles. Discusiones en pequeños grupos funcionan bien con estudiantes, grupos de iglesia, o gente que está acostumbrada a trabajar en equipo. Identificar o asignar moderadores de los pequeños grupos ayudarían a mantener el curso del grupo y asegurse de que todos tengan la oportunidad de hablar. Si su grupo está formado de prisioneros o incluye personas con problemas mentales o están bajo la influencias de drogas o alcohol, los moderadores de grupos pequeños deberían ser especialmente experimentados; si acaso no los hubiera, es mejor mantener junto el grupo grande.

Siete, es de mucha ayuda tomar notas de las respuestas de la gente de las preguntas hechas, en un cuaderno o, si es posible, en un pizarrón, así la gente se sentirá empoderada cuando vea sus respuestas escritas ahí. Sin embargo, los moderadores necesitarán desarrollar la habilidad de resumir y anotar las respuestas de la gente de forma precisa, buena ortografía y en forma legible.

Ocho, si trabaja con un grupo mixto, (incluso con personas de diversas denominaciones), posiblemente necesite usar versiones bíblicas que se consideren sagradas por cada grupo. Si el estudio bíblico es bilingüe o trilingüe, es importante leer en voz alta la Escritura en el idioma de cada grupo o tener un intérprete que dé una traducción simultánea. Si hay un grupo pequeño que hable otro idioma y el tiempo es limitado, les puede sugerir que lean en silecio en su propio idioma, aunque la interpretación simultánea sería mejor. Esto es particularmente importante para grupos donde los participantes son analfabetas o no tienen lentes para leer, (lo que es común en la cárcel o en el penal).

Finalmente, si está usando un intérprete, esté atento al nivel de experiencia del intérprete y ajuste la velocidad de su forma de hablar si es necesario. Forme una respetuosa colaboración al confirmar ocasionalmente que ambos están comprendiendo. Ponga atención a aquellos que están en las orillas del grupo y trate de incluirlos. En un descanso, para estar seguro, verifique con un par de personas que sean bilingües fluentes, que en el grupo que él intérpreta sea preciso. Si no, puede buscar un suplente para que se haga cargo y darle al primer intérprete un descanso.

EL RECORRIDO HACIA UN ENCUENTRO LIBERADOR

El siguiente estudio bíblico contextual sobre Jefté y su hija, en Jueces 11, nos ofrece un ejemplo de cómo los moderadores de los estudios bíblicos de Tierra Nueva podrían leer las Escrituras con los reos de una prisión, en el estado de Washington.

Normalmente, no me gustaría exponer a recién iniciados en la lectura de la Biblia, a un texto tan complejo y difícil como Jueces 11. Sin embargo, no obstante, mientras preparaba una clase de posgrado para mis alumnos de la universidad, sobre textos tóxicos en el Antiguo Testamento, descubrí un ángulo en esta historia que parece ofrecer buenas nuevas a la gente que ha sido marcada con rechazo, exclusión e insuficiente aceptación.

Ejemplo de una introducción (Jueces 11)

La siguiente es ejemplo de una introducción más larga que coloca el llamado de Jefté en Jueces 11, dentro de una historia más grande que es la de Dios. Ofrecería esta introducción antes de pedirles a los voluntarios que lean el texto.

Antes de comenzar la lectura, hablemos acerca de la historia más grande que es la Biblia y qué pasa antes en este pasaje que vamos a leer el día de hoy.

La Biblia comienza describiendo cómo Dios hizo al ser humano y la misión que nos ha dado. Vemos que Dios busca a los seres humanos y los recluta, -aún si estos fallan. Dios llama a una pareja, que tiene muchos problemas, les pide que dejen su país, y ellos confían en él, totalmente.

Promete a esta pareja, Abraham y Sara, que los bendecirá y los multiplicará hasta en una gran nación. Por medio de sus descendientes, bendecirá a cada familia en el mundo. Esta familia, con el tiempo, se convirtió en el pueblo de Israel, a los cuales, los esclavizaron, los liberaron hasta que se establecieron en su propia tierra. Sin embargo, se olvidaron de Dios, eligieron políticos corruptos, adoraron dioses falsos, tuvieron muchos problemas, rogaron a Dios su ayuda y se les restauró, solo para volver a hacer lo mismo, una y otra vez.

El libro de los Jueces es una colección de historias acerca de una época muy caótica en la historia de Israel que es un tanto diferente pero al mismo tiempo se parece a muchas de nuestras experiencias.

Jueces describe a Israel, como a un pueblo que constantemente se olvida de Dios, cayendo en viejos hábitos y reincidiendo, cuando se deja seducir por prácticas de estilo de vida destructivas, de la gente que lo rodea. Este olvido habitual resulta en un debilitamiento del pueblo de Israel, que lo hace vulnerable al ataque de sus agresores, quienes terminan oprimiéndolo.

Cuando clama por ayuda, Dios levanta a sus líderes y lo lleva a la libertad.

Había muchas "pandillas" en la tierra, (filisteos, cananeos, madianitas...), y todos ellos competían por el mismo territorio. Los hijos de Amón eran la última amenaza contra los hijos de Israel, quienes llegaron a luchar a Galaad, lugar donde ellos vivían. "Los jefes y el pueblo de Galaad se dijeron el uno al otro: 'El que inicie el ataque contra los amonitas será el caudillo de todos los que viven en Galaad'". El pueblo localizó y reclutó a Jefté, que se vió en envuelto en un drama que pudo haber evitado. La Biblia está llena de este tipo de historias que pueden ayudarnos a aprender de los errores de aquellos que nos preceden. Veamos esta historia para ver si tiene alguna relevancia en nuestras vidas.

Lectura de la Biblia con el Jefté de nuestra época.

Después de la introducción de la historia, le pido a alguien que lea Jueces 11: 1-3. Luego invito a la gente a que resuma lo que sabemos de Jefté. Los hombres se dan cuenta que tiene una buena reputación como guerrero; sus antecedentes familiares no son buenos, su madre es una prostituta, sus medios hermanos lo corrieron de la casa paterna legítima; se va de la casa y se une a una pandilla que cometían fechorías. Los miembros de las pandillas locales en el grupo encuentran esto interesante. Gente muy familiarizada con el rechazo, saben, por experiencia propia, la atracción a la aceptación ofrece aventuras similares.

Añado que el padre de Jefté tiene el mismo nombre que la ciudad, Galaad, y sugiero que el equivalente de nuestra actualidad, en nuestra comunidad sería Mount Vernon o condado Skagit. Les hago notar que sus medios hermanos legítimos serían los "respetables" miembros de la sociedad, obedientes de la ley.

Les señalo que cuando los hijos de Galaad corrieron a Jefté, el lenguaje, aquí, asocia la acción de ellos con Dios, que saca a los enemigos de Israel de su tierra. Esto hace que sus acciones parezcan más espirituales. En grupos que son más familiares con las Escrituras, comparto que el status del fugitivo Jefté se asocia con Agar, Jacob y Moisés.

Pregunto si alguien conoce a hombres como Jefté, que vengan de familias con problemas y que se les aleja de la gente respetable. Muchos de los hombres se identificaron con esta pregunta y varios de ellos se vieron ellos mismos como Jeftés de esta época.

"Sí, claro", respondió uno de ellos. "Este tipo de cosas suceden en este tiempo".

Otros negaron con su cabeza, cautivados con la historia. Es fácil para los hombres en la cárcel verse ellos mismos como Jeftés de la actualidad y muchos se identificaron, facilmente, como "hombres sin valía" que se juntan con delincuentes en la tierra de Tob.

Les pregunto si alguno de ellos han experimentado algún tipo de rechazo, sabiendo de antemano que ese rechazo está escrito en algunos de sus cuerpos por medio de tatuajes que dicen, "666", "Ch el mundo" y "No confíes en nadie". El uniforme rojo de la cárcel, los brazaletes de identificación los estigmatiza y algunos se presentaron, unas horas antes, a la audiencia del jueves, donde se presentan ante el juez y el fiscal con grilletes y esposas. Los hombres levantan los ojos de sus Biblias y dan a conocer sus experiencias de exclusión, con sus ojos llenos de dolor y resignación.

Les muestro que la traducción "hombres sin escrúpulos" es sentenciosa, (e inexacta), y que en la versión original se refiere a los seguidores de Jefté como "hombres vacíos", lo que parece disminuir el golpe de tan doloroso señalamiento. Mi papel como un lector entrenado de las Escrituras siempre incluye mostrar con detalle desde el texto, como evidencia para la defensa de aquellos que se sienten acusados por Dios y por la gente. Jesús muestra que no viene a condenar al mundo, sino a salvarlo. Esta práctica de leer el Antiguo Testamento con Jesús como nuestro Rabino es el valor fundamental del ministerio de Tierra Nueva.

Cuando estamos listos a seguir adelante, invito a alguien a leer Jueces 11:4-6. Rapidamente, lo sintetizo, y nos enfocamos al último versículo, donde los ancianos su primer ofrecimiento: "—Ven —le dijeron—, sé nuestro jefe, para que podamos luchar contra los amonitas", (v.6).

Luego les pregunto, "Así que, cuando los hijos de Amon quieren atacar Israel, ¿cómo reaccionan los ancianos de Galaad?

"Los ancianos se ven amenazados por sus enemigos, así que lo necesitan para que los ayude a combatirlos, ya que es un guerrero", comentó uno.

"Ahora lo invitan a que sea su líder en la batalla contra los hijos de Amon", dijo otro.

Les pregunto si alguien los necesitó cuando antes los había rechazado o el obtener un empleo o alguna posición sería suficiente para sanar esa herida de rechazo. Los hombres estuvieron de acuerdo que el ser necesitados no es suficiente. Al ver sus caras me imaginaba a sus patrones necesitándolos en su centros de trabajo, las madres de sus hijos necesitándolos para pagar la renta, los pañales y la comida, o sus padres en México necesitándolos con enviarles dinero para cubrir sus necesidades básicas, -lo poquito que sea que puedan enviar de sus escasos salarios ganados en sus agotadoras jornadas en los campos. Estos hombres saben que el ser necesitados no sanará su rechazo. En vez, ellos preferirían ser aceptados y atendidos; más allá de lo que podrían hacer por alguien más -aunque la mayoría de ellos piensan que eso no sería posible.

Invito a alguien más a que vuelva a leer el versículo 6 y luego les pregunto, ¿Qué tal si el jefe de la agencia contra las drogas en el país, tuviera una junta con ustedes, aquí en la cárcel y les dijera: "Mira, hay drogas por dondequiera, aquí en el valle; ustedes conocen a todos los integrantes y cómo trabaja el sistema. Vengan y trabajen con nosotros para erradicar esas drogas de nuestras calles. Los haremos jefes de la agencia".

¿Cómo responderían si esto les sucediera?

Hubo diferentes reacciones de los hombres. Lorenzo, un chicano, adicto a la heroína, recién condenado a una larga condena en prisión, dijo que estaría dispuesto a ayudarlos. Estaba muy cooperativo, con tal de acortar su sentencia.

Otro hombre dijo que el ayudaría, pero no aceptaría ningún nombramiento; parecía dispuesto a ayudar a las autoridades, aunque sus motivos no eran los correctos. Quería libertad pero quería proteger su dignidad, lo más que se pudiera. Lo que quería es que ellos estuvieran más en deuda con él, en vez, de que él estuviera en deuda con ellos.

Otros, lo negaron con sus cabezas y lo rechazaron, totalmente. "De ninguna manera, 'homes'", dijo un pandillero. "Después de que lo rechazaron, lo van a usar. No me gustaría ser parte de este plan".

Invito a alguien a que lea la respuesta de Jefté, lo que da voz a los sentimientos de muchos hombres en la sala.

"Jefté les contestó:

—¿No eran ustedes los que me odiaban y me echaron de la casa de mi padre? ¿Por qué vienen a verme ahora, cuando están en apuros?".

Los hombres parecen impresionados de la actitud desafiante y honesta de Jefté ante las autoridades. Les pregunto si en el texto se menciona que los hijos de Galaad odian a Jefté. Astutamente, alguien observa que el rechazo es lo mismo que el odio, así que tiene razón.

Les pregunto si, recientemente, alguien ha experimentado un serio rechazo, como la negativa de entrar a Drug Court, una alternativa de tratamiento en vez de prisión. Al hacer la pregunta, mis ojos se posaron en un joven con tatuajes en su rostro, que parecía sorprendido.

"¿Cómo lo sabe?, preguntó. "El día de hoy me la negaron". Agaché su cabeza, tratando de no llorar.

Sin saberlo obtengo información que el Espítu Santo me revela, una dimensión del don de la profesía que muchas veces vemos que obra en nuestros estudios bíblicos. Estas reflexiones, muchas veces, ayudan a que las personas se abran, como si estuvieran dirigidas personalmente a ellos.

Le pido a alguien que no haya leído, que lea el siguiente versículo, diciendo: "Veamos cómo responden los ancianos".

Luego, invito a los hombres a que decidan como interpretarían lo que sigue: "Los ancianos de Galaad le dijeron:

—Por eso ahora venimos a verte. Ven con nosotros a luchar contra los amonitas, y serás el caudillo de todos los que vivimos en Galaad". (v.8).

"Ahora lo necesitan y están tan desesperados que le están ofreciendo un acuerdo", dijo, alguien. Le ofrecen que sería el jefe de todos ellos.

Les indico que la primera palabra que se usa en 11:6, "capitán" o "jefe" es un título de liderazgo de menor rango que la palabra "rosh", la que se usa aquí que significa "jefe máximo" o "el mandamás". Es más, parece que le aumentan el acuerdo. Realmente, lo necesitan y al tratar de reclutarlo son estratégicos y políticos.

Entonces, me doy cuenta de lo inclusivo de la invitación de los ancianos a Jefté que le dicen "ven con nosotros", antes de decirle, "ven a luchar"; lo que podría ser un deliberado esfuerzo de resolver su previa experiencia de rechazo. Le pregunto a los presos si el acogimiento sería convincente.

Los hombres más maduros fueron muy rápidos en ver a través de la estratagema: "Yo no lo haría" dijo Porky, miembro de una pandilla latina que encaraba una sentencia a prisión y a una deportación. "Por nada del mundo, lo haría".

Invito a la gente a que veamos los siguientes versículos, dándome cuenta que se nos está acabando el tiempo.

Un suspenso llena el círculo al momento de leer los versículos 9-10:

"Jefté respondió:

—Si me llevan con ustedes para luchar contra los amonitas y el Señor me los entrega, entonces de veras seré el caudillo de ustedes.

Los ancianos de Galaad le aseguraron:

—El Señor es nuestro testigo: haremos lo que tú digas".

Algunos de los presos parecían decepcionados de que Jefté aceptara el trato, tan rápido. Lo veían como un trato legal que no incluía una libertad total, solo un consentimiento condicional. Les señalo que Jefté no está de acuerdo con el intento de los ancianos de que regrese. Les contesta que el va a luchar contra los amonitas, y si el Señor se los entrega, regresará. Jefté condiciona el alto mando. Les hago notar que Jefté podría estar aferrándose a su dignidad, explicando cómo se mira el éxito cuando ponemos la ayuda de Dios en la mesa de las discusiones. Estos detalles parecen ayudar a los presos a apreciarlo más.

La siguiente escena, (11:11), nos revela que la gente de Galaad acepta incondicionalmente a Jefté, que lo hacen su caudillo y su jefe, aún antes de ir a batalla y antes de que "merezca" los títulos. Notamos que esto podría poner presión a Jefté de tener éxito contra los amonitas y ganar la aceptación de la gente en vez de enfrentar un rechazo peor si pierde.

Después sintetizo la impresionante diplomacia de Jefté con el rey Ammon, y la negativa del rey a negociar en 11:12-28; invito a alguien a que lea el principio de la siguiente sección, donde Dios parece apoyar la aceptación de la gente: "Entonces Jefté, poseído por el Espíritu del Señor", (11:29).

"¿Qué hizo Jefté para que fuera poseído por el Espíritu del Señor?", pregunté.

Los presos me dieron una respuesta obvia -que no había triunfado en nada, todavía.

Ahora, la escena se presenta para mostrar el trágico giro de la historia, cuando Jefté revela su profunda inseguridad sobre su aceptación al hacer una apuesta con el afán de asegurar un éxito anticipado.

Un voluntario lee 11:30-31: "Y Jefté le hizo un juramento solemne al Señor: «Si, verdaderamente, entregas a los amonitas en mis manos, cuando yo vuelva de haber vencido a los amonitas, quien salga primero de la puerta de mi casa a recibirme, será del Señor y lo ofreceré en holocausto".

"¿Por qué creen que Jefté haya hecho esta promesa?", les pregunto. "¿Quién esperaba que saliera de su casa a recibirlo? Sin duda, alguien muy querida. ¿Qué nos dice esta promesa acerca de la manera en que él ve a Dios".

"Piensa que Dios requiere de un sacrificio de algo muy valioso para ganar la victoria", dijo alguien.

"¿Alguno de ustedes le ha hecho promesas a Dios cuando se encuentran en problemas -por ejemplo, si Dios los ayuda a evitar la cárcel, ustedes dejarían de usar drogas, irían a la iglesia, u otra cosa?", les pregunto.

Casi todos afirmaron moviendo sus cabezas, de que han hecho promesas a Dios para conseguir su ayuda. Parecen apreciar que esta realidad se nombre y libremente confesar lo que es normal dentro del contexto de la cárcel.

"Así que, el voto de Jefté ¿qué más nos dice acerca de cómo ve él a Dios?", los sondeo, con la esperanza de exponer más la teología dominante que se maneja en este texto y entre los hombres. "¿Jefté confía en la salvación de Dios como un don gratis? ¿Cree que Dios lo acepta tal como es?".

Los hombres pueden ver que Jefté no confía en una aceptación incondicional de Dios; que no cree que Dios le guste y le importe; que no cree que esté comprometido a darle a él y a los hijos de Israel la victoria. Jefté no ve a Dios muy poderoso, como alguien que, gratuitamente, da una ayuda milagrosa, sino como alguien al que se tiene que pagar con sacrificios, con pagos, (un trato honorable), méritos propios, negociaciones o súplicas de ayuda. Actúa como si Dios ayudará solo a aquellos que hicieran sacrificios extraordinarios.

"¿Ustedes qué dicen?", les pregunto. "¿Conocen a alguien que piense que Dios es así?". Todos afirman con sus cabezas y reconozco que muchos asumen esto como una descripción exacta.

Discutimos como Jefté estaría saboreando el poder y el placer que le traería una aceptación condicional; sin aceptar una gracia incondicional y una victoria incierta, lo juega todo para asegurarse la obtención de la nueva posición que le ofrecen los ancianos y el pueblo, como dirigente y jefe. Su temor a no cumplir la esperanza del pueblo y las expectativas de victoria lo lleva a incluir sus propias condiciones. Su temor al rechazo lo lleva a hacer tratos con Dios que van más allá de sus primeros arreglos con los ancianos que incluían la victoria que Dios le daría. Promete que sacrificaría lo primero que saliera de su casa para recibirlo, después de que Dios le hubiera dado la victoria sobre los amonitas. De esta manera, ganaría un inmerecido favor por parte del pueblo y de Dios. Tal trato, le parece más real y creíble que una gracia pura y sin condiciones.

Sumarizo cómo el Señor le da la victoria a Jefté sobre los amonitas e invito a alguien a que lea la inesperada consecuencia en 11:34-35.

"Cuando Jefté volvió a su hogar en Mizpa, salió a recibirlo su hija, bailando al son de las panderetas. Ella era hija única, pues Jefté no tenía otros hijos. Cuando Jefté la vio, se rasgó las vestiduras y exclamó:

"¡Ay, hija mía, me has destrozado por completo! ¡Eres la causa de mi desgracia! Le juré algo al Señor, y no puedo retractarme".

Concluímos nuestra discusión de Jueces 11 con algunas reflecciones finales acerca de la presión de cumplir el trato que hicimos nosotros mismos, sin que realmente se requiriera hacer alguna promesa.

"Si Jefté no cumpliera su promesa, ¿la victoria sobre los amonitas se revertiría?", les pregunto. "Jefté temía que su favor se perdería y tanto su aceptación y su victoria sobre los amonitas se confiscaría si no cumplía con su promesa?".

Discutimos como se necesitaría mucha fe y voluntad para encarar la derrota y el rechazo, si Jefté hubiera decidido faltar a su promesa. Juntos consideramos el trágico resultado de la profunda inseguridad de Jefté, al cumplir su juramento y sacrificar a su hija única, cortando toda descendencia.

"Si negociamos con Dios por una salvación que no los liberará, ¿qué, o quién puede o podrá hacerlo?", les pregunto. Luego, los invito a que busquen Lucas 9:22 para agregar las palabras de Jesús a la discusión: "El Hijo del hombre tiene que sufrir muchas cosas y ser rechazado por los ancianos, los jefes de los sacerdotes y los maestros de la ley. Es necesario que lo maten y que resucite al tercer día".

"En constraste con Jefté, que dejó la tierra de Tob y a sus "hombres vacíos", para convertirse en el líder y jefe de los ancianos y su pueblo, ¿qué pasa con Jesús, de acuerdo con este pasaje?, les pregunto.

"Es rechazado por los ancianos y lo matan", contestó uno de los hombres.

Los hombres encontraron, aún, más conecciones con Jesús que con Jefté, ya que la mayoría de los hombres no se pueden imaginar conseguir el status de Jefté, a quien lo buscaron los ancianos y su pueblo para que los guiara en la batalla. Como a Jesús lo rechazaron y lo ejecutaron los ancianos, los hombres se identifican con más cercanía a Jesús; y la sentencia a muerte le da más prestigio a sus ojos.

Terminamos nuestra discusión hablando sobre las experiencias de rechazo del pueblo a Jesús; y de la aceptación del Padre, quien lo resucita al tercer día de su muerte.

Al relacionar esta difícil historia del Antiguo Testamento con Jesús, el crucificado y resucitado, invitamos a la gente a que se una con nosotros al camino de Emaús, buscar la ayuda de Jesús, y ver cómo la ley y los profetas dan fe de que él es el sufrido Mesías de Israel. Esta es una parte esencial de nuestro acompañamiento ministerial en Tierra Nueva.

Como Jefté, que se rodea de otros que son rechazados como él, en la tierra de Tob, (que significa "bueno"); Jesús es rechazado y rodeándose de aquellos que también son rechazados, él nos invita a unirnos con él, e ir a misiones.

Para concluir el estudio, invito a alguien a que lea Lucas 9:23-25:

"Dirigiéndose a todos, declaró:

—Si alguien quiere ser mi discípulo, que se niegue a sí mismo, lleve su cruz cada día y me siga. Porque el que quiera salvar su vida, la perderá; pero el que pierda su vida por mi causa, la salvará. ¿De qué le sirve a uno ganar el mundo entero si se pierde o se destruye a sí mismo?".

Los hombres mostraron sorpresa al oír el llamado de Jesús a la gente, a que se unan a él, en su situación de despreciados y rechazados. Aquellos que se encuentran en las márgenes de la sociedad; algunas veces encuentran más fácil entregarse a Jesús, si pueden creer que él los ama y los acepta tal como son.

Respuestas durante el trayecto: Vigilar, orar, dar ministerio

A medida que, continuo vigilante y orando por los medios, de invitar a la gente a que se interese en la historia, le pregunto a los hombres que piensen en lo que le dirían si Jesús los llamara a que se unieran a su movimiento. Les digo que yo creo que Jesús está vivo ahora y que está buscando gente para que se le unan, para ir a misiones a liberar a la gente oprimida.

Luego, les sugiero que tomemos cierto tiempo para pensar y orar, si Jesús los está llamando y de cómo quieren responderle. Les hago saber que esto podría ser difícil y les sugiero que oremos, pidiendo al Espíritu Santo que nos guíe.

Después de un momento de silencio, invito a las personas a compartir, asegurándoles que está bien si quieren mantener sus peticiones para ellos mismos. Invito a todos a dar sus respuestas, ante Jesús, silenciosamente. Mientras ellos piensan y oran, yo le pregunto a Jesús qué es lo que quiere hacer con la gente del grupo.

Durante este tiempo de oración, es importante escuchar y buscar una revelación profética basada en lo que usted escucha de lo que Dios está diciendo, de las respuestas de la gente y en la dirección del Espíritu. Ponga cuidadosa atención a lo que percibe en el grupo, sobre la pantalla de su imaginación y a cualquier pensamiento espóntaneo que surja. Pida a Jesús le muestre lo que él quiere que perciba y lo que él quiere hacer por la gente mientras ellos piensan y oran.

Rápidamente evalúe las impresiones que necesiten una respuesta ya sea individual o en grupo. Si se siente llevado a compartir una impresión profética de aliento, de reto, o de una oración para sanar, pida permiso a cada persona antes de compartir su impresión o humildemente ofrezca su mensaje.

Cuando me siento llevado a invitar a la gente a elegir entre seguir o entregarse a Jesús, le pido a todos se pongan de pie, en círculo y les sugiero que si alguien se siente atraído a Jesús puede dar un paso al frente y se imaginen ellos mismos acercándose a él. Cuando la gente responde físicamente, los invito a hablar directamente a Jesús acerca de ese deseo de entregar sus vidas. Luego los guío con una sencilla oración.

Cuando invito a la gente a recibir al Espíritu Santo o la paz de Cristo, sugiero que extiendan sus manos o pongan las palmas de la mano hacia arriba como si recibieran un regalo. Las personas que se sienten desesperadas pueden tener dudas de sus motivaciones o tal vez prefieran mantener sus decisiones privadas para evitar burlas, también hago espacio para alguna persona que quieren hacer en secreto sus demostraciones, para expresar sus deseos directametne a Dios.

Si el tiempo lo permite, pregunto si alguien tiene peticiones adicionales para orar por ellas, o invito a la gente a compartir sus peticiones al mismo tiempo que oramos.

Para terminar, si todavía hay tiempo, invito a la gente a que comparta lo que se están llevando de nuestro tiempo juntos. Si la mayoría de la gente se sabe el Padrenuestro, todos juntos terminamos orándolo .

Reflexiones adicionales de este trayecto

Cuando tengo más tiempo, invito a la gente a que medite cómo se acercarían a Jefté y a los hombres vacíos en la tierra de Tob, para que se prepararan para una visita de los ancianos de Galaad. Luego, les pregunto que podría sanar las heridas de rechazo.

Curtis, un chofer de camiones de carga, en sus cuarentas, que tiene muchos años en recuperación de años de adicción a las drogas y es miembro de nuestra comunidad, inmediatamente constesta a mi pregunta.

"Jesús y la gente de esta iglesia sana las heridas de rechazo. Aún sabiendo que todavía estaba cometiendo el error de consumir drogas, esta gente solo me amaba por mi mismo y continúo amándome, incondicionalmente; lo cual me daba ánimo; saber que me amaban por mi, por mi mismo".

"Para aceptar a la gente desde donde está y para vernos cada uno de nosotros como un hijo de Dios, y no de acuerdo con su pecado es lo más importante", añadió Zach, un adicto a la heroína durante diecisiete años y un ex reo quien ahora trabaja en Tierra Nueva. "Cuando usted ve sus pecados, los condena. Y, cuando los ve como hijos de Dios, los empodera. Y, esto es lo que debemos de hacer, empoderar a la gente con una aceptación sin condiciones.

Junto con Zach y Curtis, vemos en Tierra Nueva que los estudios bíblicos sean más efectivos cuando los participantes nos reunimos en comunidades inclusivas que no solo reúna a la gente sino que las envíe a misiones.

En este segundo volumen de trece estudios bíblicos, Reclutamiento radical de Dios, los invito a que se embarquen a un recorrido a la buena tierra, donde Dios encuentra a la gente y los llama a una vida de aventuras. Con la probabilidad de que experimente una renovación del llamado radical de Dios sobre su vida, y al mismo tiempo guíe a otros a escuchar el llamado de Dios sobre ellos.

1.

DIOS LLAMA A ABRAHAM A UNA MISIÓN UNIVERSAL

GÉNES S 11:27-12:4

Guía de estudio	Notas

Introducción

Mucha gente experimenta dificultades en la vida que no le permiten conseguir sus sueños. Esta historia muestra cómo una de las primeras parejas en la Biblia, Abram y Saray, estaban estancados y cómo Dios los llama a una nueva vida. Abram (más tarde llamado Abraham), se le llama el padre del pueblo de Dios. Esta historia muestra cómo Dios lo llama y nos muestra cómo es responder en fe.

Pregunta 1 ?

¿Has llegado al punto en que tus planes y tus sueños son amenazados y parados?

¿Se ha encontrado usted mismo en una situación sin salida?

Sí, ha sido así, ¿cómo fue?

Invite a la gente a que comparta sus experiencias, brevemente.

Procure compartir un ejemplo de su propia vida.

Pregunta 2 ?

¿Cuáles son las fuerzas que lo han detenido o lo han mantenido de realizar sus sueños o de hacer lo que más desea.

En los ejemplos se podrían incluir la falta de dinero y las adicciones.

Sugerencia !

Si tiene poco tiempo, lea una síntesis de la versión de este pasaje, en vez de leer todos los versículos en Génesis 11:27-32

Guía de estudio	Notas

Leer Génesis 11:27–32 📖

"Ésta es la historia de Téraj, el padre de Abram, Najor y Jarán.

Jarán fue el padre de Lot, y murió en Ur de los caldeos, su tierra natal, cuando su padre Téraj aún vivía. Abram se casó con Saray, y Najor se casó con Milca, la hija de Jarán, el cual tuvo otra hija llamada Iscá. Pero Saray era estéril; no podía tener hijos. Téraj salió de Ur de los caldeos rumbo a Canaán. Se fue con su hijo Abram, su nieto Lot y su nuera Saray, la esposa de Abram. Sin embargo, al llegar a la ciudad de Jarán, se quedaron a vivir en aquel lugar, y allí mismo murió Téraj a los doscientos años de edad".

Pregunta 3 ?

¿Qué nos dice esta historia acerca de Téraj, el padre de Abram y el resto de su familia?

Téraj tiene tres hijos, Abram era el primero, seguían Najor y Jarán. Jarán tenía un hijo llamado Lot. Luego murió en Ur.

Téraj deja el país con Abram, Lot y Saray, (la esposa de Abram), volviéndose migrantes.

Explicación ✓

Estos versículos no nos dicen por qué Téraj deja su país con su familia. Los motivos probables podrían ser el duelo de Téraj por la pérdida de su hijo, Jarán, malas cosechas, pobreza.

Tratan de llegar a Canaán.

Guía de estudio	Notas

Pregunta 4

¿Conoce gente que sea migrante? ¿Por qué la gente deja sus países, el día de hoy?

Los factores que empujan la migración, el día de hoy, serían la pobreza, amenazas, guerra, violencia pandillerista, persecusión, desastres naturales, (sismos, secas, etc.).

Pregunta 5

¿Qué sucede, después? ¿Consiguen el éxito?

Téraj y su familia no tienen éxito en Canaán. Se establecen en Jarán, donde Téraj muere.

Explicación

En la antigua Mesopotamia, la gente se sentía obligada a permanecer donde sus muertos estaban sepultados. Aunque Téraj no permaneció donde murió su hijo, Jarán; Abram sentía que no podía migrar por respeto a su padre.

Pregunta 6

¿Qué más sabemos de Abram y Saray?

La esposa de Abram, Saray, es estéril.

Pregunta 7

¿Por qué cree que este detalle de la esterilidad de Saray se mencione?

Abram y Saray al no tener hijos no podrían seguir con su linaje.

Explicación

Si Saray es estéril, entonces la genealogía desde Adán a Noé, (Gén 5:3-32) y de Noé a Téraj, pararía, ya que, si Abram no puede tener un hijo, su lineje, no podría continuar. La esterilidad detendría el mandato de Dios, "Sean fructíferos y multiplíquense; llenen la tierra y sométanla". (Gén 1:28, 9:1, y 9:7). Esto obtruiría el avance de la misión de Dios en el mundo.

Guía de estudio 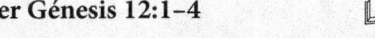	Notas
Pregunta 8 ❓ Si usted fuera Abram, ¿qué pensaría o sentiría?	Tristeza, ansiedad, desesperación, desesperanza.

Leer Génesis 12:1–4 📖

"El Señor le dijo a Abram: «Deja tu tierra, tus parientes y la casa de tu padre, y vete a la tierra que te mostraré.

»Haré de ti una nación grande, y te bendeciré; haré famoso tu nombre, y serás una bendición.

Bendeciré a los que te bendigan y maldeciré a los que te maldigan; ¡por medio de ti serán bendecidas todas las familias de la tierra!»

Abram partió, tal como el Señor se lo había ordenado, y Lot se fue con él. Abram tenía setenta y cinco años cuando salió de Jarán".

Pregunta 9 ❓ ¿Qué estaba haciendo Abram cuando el Señor lo llamó? ¿Abram tenía que cumplir algunos requisitos para que se le llamara?	Él estaba en Jarán, donde su padre se había establecido y había muerto. El texto no menciona que tuviera que orar, que se portara bien, o haciendo algo que lo mereciera, como estar en una lugar sagrado, (iglesia) o buscando a Dios. No hay requisitos visibles que se le exigieran a Abram. El texto sugiere que Abram se estableció en un lugar sin futuro. Dése cuenta que de lo que el pasaje no dice es tan importante como de lo que sí dice. Los vacíos en la narración muestran detalles que no se consideran importantes al narrador.

Guía de estudio	Notas

Pregunta 10 ?

Considera esto como buenas nuevas para usted o para la gente que conozca -de que no hay condiciones para el llamado de Dios?

Cree que sean buenas nuevas para la gente que usted siente que no lo merecen.

This is good news for people who feel unworthy.

Volver a leer Génesis 12:1 📖

"El Señor le dijo a Abram: «Deja tu tierra, tus parientes y la casa de tu padre, y vete a la tierra que te mostraré".

Explicación ✓

En hebreo, el Señor le dice a Abram, "Ve por ti" o "ve por ti mismo". El llamado de Dios es individual y personal.

Cuando el Señor se dirige a nosotros, nos podríamos sentir respetados más de lo jamás lo hubiéramos sentido. Si nunca nos han tratado con tanto respeto, con tanta consideración, podría ser difícil de reconocerlo cuando sucediera.

Invitación ⟶

Invite a la gente a que considere si les gustaría confiar en el llamado de Dios hacia la realización de sus deseos más profundos. Invite a la gente a que le diga a Dios de su deseo, directamente, en silencio o en voz alta. O, dirija usted mismo a la gente a un oración.

Pregunta 11 ?

Cuando Dios llama a Abram, a que vaya él mismo, ¿qué le pide dejar?

Le pide que deje su país, sus parientes, la casa de su padre.

Guía de estudio	Notas
Explicación ✓	La "patria" de Abram es su nación, su país. En este punto de la historia, la patria de Abram es Jarán -el lugar donde su padre se estableció, murió y se sepultó. El Señor llama a Abram a que deje este lugar de muerte y de estancamiento.
	Los "familiares" son su grupo racial y étnico.
	La "casa de su padre" es su familia. La familia incluye lo bueno y lo malo de nuestro linaje generacional.
	Dejar la casa de nuestra casa, (familia), puede incluir dejar los patrones generacionales, (tendencias familiares, pecados).
Pregunta 12 ?	
¿Cómo ve que usted tenga que dejar la seguridad de su patria, su etnicidad y su familia?	
Pregunta 13 ?	
¿Se ve usted mismo repitiendo comportamientos negativos que sus padres practicaron? ¿Cuáles son algunas tendencias negativas dentro de su larga familia que le gustaría dejar atrás?	
Invitación ⟶	Invite a la gente a que considere las tendencias que le gustaría dejar atrás: enojo, mezquindad, vergüenza, adicciones.

Guía de estudio	Notas

Pregunta 14 ?

¿Dónde le dice, el Señor, que vaya Abram?

"A la tierra que yo, (el Señor), te mostraré".

Lea Génesis 12:2–3 📖

"Haré de ti una nación grande, y te bendeciré; haré famoso tu nombre, y serás una bendición.

Bendeciré a los que te bendigan y maldeciré a los que te maldigan; ¡por medio de ti serán bendecidas todas las familias de la tierra!"

Pregunta 15 ?

¿Qué le promete Dios a Abram?

Dios va a hacer una gran nación de él, lo bendecirá y hará famoso su nombre y será una bendición.

Dios bendecirá a aquellos que lo bendigan y maldecirá a los que lo maldigan.

Dios promete que a través de él, todas las familias serán bendecidas.

Explicación ✓

Dios dice que bendecirá a aquellos que bendigan a Abram. Sin embargo, dice que maldecirá "al único" que lo maldiga. Este singular, "uno que lo maldiga", se podría referir al gobernante de este mundo, el diablo.

Lea Génesis 12:4 📖

Abram partió, tal como el Señor se lo había ordenado, y Lot se fue con él. Abram tenía setenta y cinco años cuando salió de Jarán.

Guía de estudio	Notas

Pregunta 16 ?

¿Cómo responde Abram al llamado del Señor?

Cree en Dios, deja Jarán, así como le dijo el Señor.

Toma a Lot, Saray y todas sus pertenencias y sirvientes con él. Se van a la tierra de Canaán.

Sugerencias e invitación ⟶ ❗

Considere terminar el estudio bíblico, aquí, a menos, que tenga más tiempo para detallles adicionales.

Si termina en este punto, invite a la gente a considerar que tan inspirados se sienten a contestar el llamado de Dios. Termine el estudio bíblico con oración y un tiempo de compartimiento.

Explicación ✓

Vemos el poder de la Palabra de Dios desde el principio en Génesis, cuando Dios dice: "¡Que exista la luz! Y la luz llegó a existir", (Gén 1:3).

En Josué 24:2-3, vemos la acción de Dios a poner en marcha a Abraham. "Josué se dirigió a todo el pueblo, y le exhortó: Así dice el Señor, Dios de Israel: Hace mucho tiempo, sus antepasados, Téraj y sus hijos Abraham y Najor, vivían al otro lado del río Éufrates, y adoraban a otros dioses. Pero yo tomé de ese lugar a Abraham, antepasado de ustedes, lo conduje por toda la tierra de Canaán y le di una descendencia numerosa".

En Hechos 7:4, Santiago enfatiza la acción de Dios de pone en marcha a Abraham: "Entonces salió de la tierra de los caldeos y se estableció en Jarán. Desde allí, después de la muerte de su padre, Dios lo trasladó a esta tierra donde ustedes viven ahora".

Guía de estudio	Notas

Pregunta 17

¿Necesita a Dios para liberarlo, para ponerlo en marcha; o de algún modo, avanzar, de tal manera, que pueda responder a su llamado?

Invitación ⟶

Invite a la gente a que le pida a Dios a que lo libere y lo ponga en marcha en sus llamados. Considere, con premeditación, darle permiso a Dios para que lo llame o lo ayude a responderle.

Explicación

Otras Escrituras enfatizan la fe de Abraham, como en Hebreos 11:8 "Por la fe Abraham, cuando fue llamado para ir a un lugar que más tarde recibiría como herencia, obedeció y salió sin saber a dónde iba". En Romanos 4:17-18, Pablo recalca la fe de Abraham. "Tal como está escrito: 'Te he confirmado como padre de muchas naciones'. Así que Abraham creyó en el Dios que da vida a los muertos y que llama las cosas que no son como si ya existieran. Contra toda esperanza, Abraham creyó y esperó, y de este modo llegó a ser padre de muchas naciones, tal como se le había dicho: ¡Así de numerosa será tu descendencia!

Pregunta 18

¿Se siente inspirado a dar un paso adelante en su fe?

Guía de estudio	Notas
Invitación ———▷	Invite a la gente a considerar, en oración, esos pasos concretos que siente que Dios le está pidiendo tomar. Considere darle a la gente la oportunidad de compartir las acciones, publicamente, que sientan que son llamados a tomar. Cierre con un tiempo de oración y compromiso personal.

2.

ENCUENTROS Y COMISIONES DE LA RECHAZADA AGAR

GÉNESIS 16:1-16

Guía de estudio	Notas
Introducción	Esta historia es acerca de Abram y el maltrato de Saray a una sirvienta egipcia llamada Agar, su partida y encuentro con el ángel del Señor. Este estudio bíblico puede ayudar a la gente a identificar cómo las experiencias negativas con la gente puede afectar su punto de vista acerca de Dios. Al mismo tiempo, el encuentro de Dios con Agar, por medio de un ángel del Señor, nos presenta una imagen de Dios, cercana y liberadora; que puede inspirar esperanza a la gente que padece dificultades y opresión.
Pregunta 1 ?	
¿Alguna vez ha sentido que otra gente, o fuerzas han actuado o han tenido poder sobre usted? ¿Cuándo notó que haya sucedido?	
Pregunta 2 ?	
¿Cómo lo hace sentir? How does that make you feel?	Humillado, sin fuerzas, enojado, furioso.
Leer Génesis 16:1–6 📖	
"Saray, la esposa de Abram, no le había dado hijos. Pero como tenía una esclava egipcia llamada Agar, Saray le dijo a Abram: —El Señor me ha hecho estéril. Por lo tanto, ve y acuéstate con mi esclava Agar. Tal vez por medio de ella podré tener hijos.	

Guía de estudio	Notas
	Abram aceptó la propuesta que le hizo Saray. Entonces ella tomó a Agar, la esclava egipcia, y se la entregó a Abram como mujer. Esto ocurrió cuando ya hacía diez años que Abram vivía en Canaán.
	Abram tuvo relaciones con Agar, y ella concibió un hijo. Al darse cuenta Agar de que estaba embarazada, comenzó a mirar con desprecio a su dueña. Entonces Saray le dijo a Abram:
	—¡Tú tienes la culpa de mi afrenta! Yo puse a mi esclava en tus brazos, y ahora que se ve embarazada me mira con desprecio. ¡Que el Señor juzgue entre tú y yo!
	—Tu esclava está en tus manos —contestó Abram—; haz con ella lo que bien te parezca.
	Y de tal manera comenzó Saray a maltratar a Agar, que ésta huyó al desierto".

Pregunta 3

¿Quiénes son los protagonistas en esta historia? ¿Qué hace cada uno de ellos?	Sarai, la esposa de Abram, quien no tiene hijos; Agar, la esclava de Saray, quien concibe un hijo de Abraham; Abram, quien le hace caso a Saray y duerme con Agar; el Señor, quien Saray culpa por no poder tener hijos.
	Sarai, Abram's wife, who can't have children; Hagar, Sarai's servant, who conceives a child with Abram; Abram, who listens to Sarai and sleeps with Hagar; the Lord, whom Sarai blames for keeping her from having children.

Guía de estudio	Notas

Explicación

Abram y Saray son migrantes quienes dejan su país, pero no llegan a su destino.

El padre y hermano de Abram murieron, (vea Gén 11:27).

Dios llama a Abram a una mision y a las promesas para bendecir a todas las familias de la tierra a través de él, (Gén 12:1-4).

Abram se vuelve rico y se considera una persona buena ante Dios, (Gén 13:2).

Agar es una extranjera, egipcia y esclava de Saray. Nos recuerda el descreimiento de Abram cuando engaña al faraón al decirle que Saray era su hermana, (Gén 12:10-20).

En esta historia, Abram y Saray representan a los "privilegiados" -aquellos que tienen fe, la bendición, el favor y la riqueza de Dios, también, tienen el poder sobre los forasteros, (como Agar, su esclava egipcia).

Pregunta 4

¿En qué punto de vista de Dios, (teológico) se basa lo que dicen y hacen Saray y Abram?

Saray piensa que Dios no los ha dejado tener hijos, (Génesis 16:2).

Pregunta 5

¿Conoce a gente que culpe a Dios cuando tienen problemas? Basado en este punto de vista, ¿cómo sería Dios?

Un Dios que da y quita según su deseo; un Dios que controla todo.

Guía de estudio	Notas
Pregunta 6 ?	
¿Cómo trata Saray y Abram a Agar?	Como si fuera un objeto, sin respeto. Saray le ofrece a Abram a su esclava Agar para que tenga un hijo, ya que ella es estéril.
	Abram y Saray nunca le pidieron permiso o consultaron a Agar; nunca la llaman por su nombre, ni se dirigen a ella. Es tratada como una posesión.
	Abram copula con Agar y la embaraza.
	Empoderada por su fertilidad, Agar mira con desprecio a Saray, su dueña. Saray se siente humillada y la trata con violencia. Abram no protege a Agar y deja a Saray que la maltrate.
Pregunta 7 ?	
¿Encuentra paralelos entre esta historia y su propia vida?	Aquellos que se encuentran encarcelados pueden sentir ese paralelo, cuando los llaman por un número o por el apellido.
	Posiblemente sienten que son tratados como un objeto, sin respeto, ya sea por los guardias, la policía, los agentes de inmigración, los patrones explotadores, las cortes, un/a esposo/a o un casero.
Explicación ✓	Recuérdele al grupo que Dios llamó a Abram y le dijo que a través de él todas las naciones, (lo que incluiría a Agar), serían bendecidas.

Guía de estudio	Notas
Pregunta 8 ?	
	Si Saray y Abram portan la bendición de Dios y representan a Dios para Agar, ¿qué imagen de Dios tendría Agar después de esta experiencia?
	Para Agar, Dios sería un dictador distante, impersonal, despreocupado que usa a la gente para sus propósitos y los trata como objetos.
	Tal Dios, solo estaría del lado de los poderosos y sería indiferente con el pobre y el débil.
Pregunta 9 ?	
¿Cómo responde Agar a esta situación, a la imagen de Dios de Abram y Saray?	Huye al desierto. Tal vez, es una respuesta sana a este tipo de maltrato. Huir de este tipo de Dios que representan Abram y Saray con este comportamiento es una buena alternativa.
Leer Génesis 16:7–8 📖	
"Allí, junto a un manantial que está en el camino a la región de Sur, la encontró el ángel del Señor y le preguntó:	
—Agar, esclava de Saray, ¿de dónde vienes y a dónde vas?	
—Estoy huyendo de mi dueña Saray— respondió ella.	
Pregunta 10 ?	
¿Quiénes son los protagonistas y qué pasa después?	El ángel del Señor encuentra a Agar cerca de un manantial en el desierto, junto a un camino. El ángel se dirige a ella por su nombre y su título, le pregunta de dónde viene y a dónde va. Agar le contesta que está huyendo de su ama Saray.

Guía de estudio	Notas

Pregunta 11

¿Qué tipo de Dios se revela en el mensajero del Señor, a través de sus palabras y acciones? ¿Qué diferencia hay entre este Dios de Agar al Dios que conocimos con Saray y Abram?

Quizás lo que es más liberador acerca de esta historia es la clara difencia entre Saray y Abram y Dios. Dios se separa del sistema dominante y la teología. Dios no es tan inconsciente al maltrato y al sufrimiento sino que lo ve y hace algo sobre eso.

El Dios que encuentra a Agar en el desierto es humano, cercano y personal. Este Dios toma la iniciativa de buscar, encontrar y dirigirse a Agar por su nombre.

Perhaps what is most liberating about this story is the clear differentiation between Sarai and Abram and God. God is separate from the dominant system and theology. God is not oblivious to abuse and suffering but sees it and does something about it. Muestra respeto e interés de su pasado y su futuro.

Lea Génesis 16:9–12

—Vuelve junto a ella y sométete a su autoridad —le dijo el ángel—. De tal manera multiplicaré tu descendencia, que no se podrá contar.

Estás embarazada, y darás a luz un hijo, y le pondrás por nombre Ismael, porque el Señor ha escuchado tu aflicción.

Será un hombre indómito como asno salvaje.

Luchará contra todos, y todos lucharán contra él; y vivirá en conflicto con todos sus hermanos.

Guía de estudio	Notas

Pregunta 12 ?

¿Qué le dice el ángel del Señor a Agar?

El ángel le dice que regrese con su ama y que se someta a ella.

El ángel le promete que multiplicará a sus descendientes que serán tan numerosos que no se podrán contar.

Le dice que tendrá un hijo al que llamará Ismael porque 'el Señor ha escuchado tu aflicción'.

Le augura que Ismael será indómito y agresivo, y tendrá conflicto con todos sus hermanos.

He tells her she will have a son named Ishmael, because "the Lord has heard of your misery."

He prophesies that Ishmael will be wild and aggressive, living in hostility before his brothers.

Pregunta 13 ?

¿Por qué cree que el ángel del Señor llama a Agar, "esclava de Saray", y luego la manda a que se someta a ella?

¿Cómo los augurios del ángel a los descendientes de Agar e Ismael ayuda a interpretarse esta difícil orden de regresar?

Este es un texto difícil. ¿Es que el ángel le sugiere a Agar que regrese a una situación de maltrato de la que viene huyendo? ¿El ángel reconoce que Agar necesita protección, o, le está pidiendo que enfrente sus problemas, en vez, de huir de ellos?

Una esclava embarazada, como Agar, sería presa fácil para los depredadores y los elementos del desierto.

El ángel, probablemente, ve que Abram y Saray tienen la responsabilidad de cuidar a Agar durante su embarazo.

Agar sabe, ahora, que Dios la cuidará, personalmente, prometiéndole un destino favorable.

Guía de estudio	Notas
Explicación ✓	El término "ángel" significa mensajero. Se presenta "el mensajero del Señor", a la esclava Agar, a un mismo nivel; mostrándoles que sabe su nombre y su clase social.
	Saray le ofreció Agar a Abram, "Tal vez por medio de ella podré tener hijos", (Gén 16:2). Aquí el ángel del Señor le augura descendientes a Agar, usa el mismo lenguaje como las promesas de pacto que se le hicieron a Abraham. (Gén 15:5-22:17).
	El nombre de Ismael significa "el Señor oye".
Pregunta 14 ?	
¿Qué piensa acerca de lo que sería para Agar el regreso a enfrentar a Saray?	Agar se tendría que armar de coraje y fuerza para regresar con Saray y Abram debido a su embarazo.
Pregunta 15 ?	
¿Cómo serían los mandatos y augurios en la actualidad?	Invite a la gente a que reflexione sobre cómo sería en la actualidad. Considere invitar a la gente a orar en cuanto a los retos que enfrentan en ese momento.
Leer Génesis 16:13–16 📖	
Como el Señor le había hablado, Agar le puso por nombre «El Dios que me ve», pues se decía: «Ahora he visto al que me ve.» Por eso también el pozo que está entre Cades y Béred se conoce con el nombre de «Pozo del Viviente que me ve».	
Agar le dio a Abram un hijo, a quien Abram llamó Ismael. Abram tenía ochenta y seis años cuando nació Ismael.	

Guía de estudio	Notas

Pregunta 16 ?

¿Cómo responde Agar al ángel del Señor?

Agar se siente con derecho a nombrarlo como Dios "El Roi", el "Dios que ve". Esta esclava egipcia es la primera persona en las Escrituras que usa el vocablo Dios en un nombre.

Pregunta 17 ?

¿Qué más nos revela el ángel del Señor acerca de la identidad de Dios?

Este Dios es afable, bendice y promete vida y liberación a Agar, una esclava oprimida sin ninguna condición. Este Dios es personal, atento que nombra a su hijo no nacido aún, Ismael, "Dios oye", y eso que, sabía que iba a ser como "un asno salvaje" y muy conflictivo.

Las buenas nuevas para Agar es que Dios es respetuoso, personal y con una presencia muy humana que le promete bendiciones y liberación, a pesar de su actual situación de marginalización.

Esto es una esperanza para un inmigrante, un forastero o cualquiera que esté en una situación de opresión.

Invitación ⟶

Invite a la gente a considerar si pueden ellos mismos sentirse atraídos a este Dios que encontró a Agar, la respetó, le profetizó y la mandó de regreso a una situació difícil.

Invite a la gente a que le pida a Dios que les diga como los ve y qué tiene que decirles con esta historia.

3.

EL ÁNGEL DEL SEÑOR BUSCA, ENCUENTRA Y RECLUTA A MOISÉS PARA UNA MISIÓN

ÉXODO 3:1–12

Guía de estudio	Notas
Introducción	En Éxodo 3, Dios busca, encuentra y llama a Moisés, un fugitivo que se le busca por asesinato, y que pastorea ovejas en el desierto. Dios lo llama para que libere a su pueblo, los israelitas, sacándolos de la esclavitud a una nueva vida y a una nueva tierra. Esta historia nos muestra cómo Dios recluta a la gente en una inmensa y comprensiva misión para salvar a todo el mundo.
Antecedentes	Éxodo 1-2, nos dice la historia de cómo el poderoso gobernante egipcio, el Faraón, se sintió amenazado del pueblo de Dios, Israel, que se multiplicó en los 400 años de esclavitud.
	El Faraón oprimió y esclavizó con mucha crueldad a los israelistas, con trabajos forzados e implementó campañas genocidas que exigía que los israelistas exterminarán a los bebés varones. Moisés era un bebé esclavo que lo salvó un grupo de mujeres, (las parteras que lo vieron nacer, su madre, su hermana y la hija del faraón), quienes se resistieron a las órdenes del faraón.
	La hija del faraón le dio santuario al bebé Moisés. Lo nombró Moisés, que significa, "sacado del agua", como "mojado".
	Cuando Moisés creció, salió del palacio del Faraón para ver a su gente esclavizada. Lo que vio, hizo que se despertara su llamado.

El Ángel del Señor busca, encuentra y recluta a
Moisés para una misión   **Éxodo 3:1–12**

Guía de estudio	Notas

Leer Éxodo 2:11 📖

"Un día, cuando ya Moisés era mayor de edad, fue a ver a sus hermanos de sangre y pudo observar sus penurias. De pronto, vio que un egipcio golpeaba a uno de sus hermanos, es decir, a un hebreo".

Pregunta 1 ?

¿Qué ve Moisés cuando sale? | Moisés ve cómo trabaja su gente de duro. Ve a un egipcio que golpea a su gente.

Pregunta 2 ?

Si alguien como Moisés, (por ejemplo: alguien de una familia privilegiada que se le protegió de privaciones que padece la gente con menos ventaja en nuestra sociedad), llega a su casa a visitar a su familia, ¿qué verían? | Invite a algunas personas a que compartan lo que crean conveniente acerca de lo que un forastero vería si ellos entran a su vida pasada o presente.

Sugerencia !

| Considere invitar a algunas personas a que compartan brevemente algunos de los retos que enfrentaron cuando ellos estaban creciendo.

Pregunta 3 ?

¿Cómo reaccionamos ante injusticias o privaciones en nuestras vidas? | Reaccionamos al desquitar nuestra frutraciones en alguien más, con frecuencia mediante la ansiedad, el enojo o la violencia. Nos tranquilizamos nosotros mismos a través de nuestras adicciones a las drogas, el alcohol, el juegos de azar, el sexo, el trabajo, etc.

Guía de estudio	Notas

Lea Éxodo 2:12 📖

"Miró entonces a uno y otro lado y, al no ver a nadie, mató al egipcio y lo escondió en la arena".

Pregunta 4 ?

¿Cómo reacciona Moisés a lo que ve?

Miró a su alrededor para que nadie lo viera, mató al egipcio y escondió su cuerpo en la arena.

Explicación ✓

Mencione cómo, cuando Moisés salió y vió, eso cambió su vida, para siempre.

Discuta cómo una exposición directa a la pobreza, injusticia, u opresión puede llevarnos a reaccionar de buena manera o de manera destructiva. Si el tiempo lo permite, explique cómo el ver de forma natural lleva a la gente a una acción en Éxodo.

El ver, (en hebreo, *ra'a*) de Moisés es catalizador para su acción, un patrón que vimos en Éxodo 1-2. La madre de Moisés "ve" que el bebé Moisés es hermoso y, entonces, lo esconde en una canasta en el río Nilo, (Éx 2:2-3). La hija del Faraón "ve" la canasta en el río, con el bebé Moisés, tiene compasión de él, Éx 2:5-6. Dios "ve" a los hijos de Israel, (Éx 2:25), "ve" su aflicción y se viene a liberarlos, (Éx 3:7-8).

Guía de estudio	Notas
	Moses's *seeing* (Hebrew *ra'a*) is a catalyst for his action—a pattern we see in Exodus 1–2. Moses' mother "sees" that the baby Moses is beautiful and then hides him in a basket in the Nile river (Ex 2:2–3). Pharaoh's daughter "sees" the basket in the river with baby Moses, has compassion on him, draws him out of the water, and adopts him (Ex 2:5–6). God "sees" the sons of Israel, (Ex 2:25), "sees" their affliction, and comes down to liberate them (Ex 3:7–8).
Antecedentes	Brevemente sintetice lo que pasa entre el asesinato de Moisés al capataz egipcio y cuando el ángel del Señor se le aparece en el desierto, (Éx 3:2).
	Un día después de matar al egipcio. Moisés regresó a ver a su gente y resolvió un pleito entres dos esclavos hebreos. Rechazaron su mediación; y, supo que el asesinato lo habían reportado y que el faraón giró una orden para su arresto. Huye al desierto como fugitivo, se casa con la hija de un sacertote pagano y se vuelve un pastor del rebaño de ovejas de su suegro. Al vivir en el destierro, Moisés no es apreciado por su gente, se le busca por asesinato y parece un liberador fracasado.
	Durante este largo periodo, el faraón de Egipto muere. Los israelitas se quejan de su esclavitud, piden ayuda a Dios; y, Dios escucha sus lamentos y recuerda el pacto con Abraham, Isaac y Jacob. Así que Dios busca a los israelitas y se preocupa por ellos, (Éx 2:23-25).

Guía de estudio	Notas

Sugerencia   !

Pida a un voluntrio leer Éxodo 3:1 e invite a la gente a escuchar con atención lo que sucedes después.

Leer Éxodo 3:1 📖

"Un día en que Moisés estaba cuidando el rebaño de Jetro, su suegro, que era sacerdote de Madián, llevó las ovejas hasta el otro extremo del desierto y llegó a Horeb, la montaña de Dios".

Pregunta 5   ?

¿Dónde está Moisés y qué está haciendo? ¿Anda buscando a Dios o haciendo algo religioso?

Moisés es un pastor y está cuidando las ovejas de su suegro. Las lleva al otro extremo del desierto.

Explicación   ✓

El "otro extremo", (*ached* en hebreo, que significa "otro" u "oeste"), del desierto puede sugerir el lugar más lejos del exilio. *Horeb* en hebreo significa, "seco, desolado", es también "la montaña de Dios", sugiere una relación, entre desolación y la presencia de Dios. Antes, en Génesis, Agar huye al desierto, del maltraro de Saray, (Gén 16:6-7), donde se encuentra con el ángel del Señor. Más tarde, Abraham corre a Agar y a Ismael al desierto, (Gén 21:14), y Dios llama a Agar desde el cielo y le muestra un pozo, (Gén 21:17-19).

Pregunta 6   ?

¿Ha vivido épocas de seca y desolación, donde se siente que se encuentra en el "lado más extremo del desierto"? ¿Cómo fue eso para usted?

Guía de estudio	Notas

Sugerencia

Invite a la gente a compartir experiencias de desolación o de "tocar fondo".

Pida a un voluntario leer Éxodo 3:2 y anime a la gente a que se fije en lo que le pasa después a Moisés.

Leer Éxodo 3:2-3 📖

"Estando allí, el ángel del Señor se le apareció entre las llamas de una zarza ardiente. Moisés notó que la zarza estaba envuelta en llamas, pero que no se consumía, así que pensó: ¡Qué increíble! Voy a ver por qué no se consume la zarza.

Pregunta 7 ?

¿Qué pasa después?

El ángel del Señor se le aparece a Moisés entre las llamas de un zarza. Moisés notó que la zarza no se consumía. Pensó ir a ver lo que le parecía increíble.

Explicación ✓

En Hebreo, "Angel" y "mesanjero" son la misma palabra, *mal'ak*. El mensajero del Señor es una manifestación física del Señor. Aquí el mensajero "es visto por", (aparece), Moisés; la forma pasiva del mismo verbo hebreo, *ra'a*, (ver), que se usa aquí. El ángel del Señor se revela así mismo a Moisés a través de un arbusto que está en llamas pero no se consume.

El Ángel del Señor busca, encuentra y recluta a
Moisés para una misión

Éxodo 3:1–12

Guía de estudio	Notas

Sugerencia

! Considere compartir aquí cómo una de las maneras de llamar la atención de Dios es provocarnos ver algo inusual, algo completamente ordinario, (un arbusto), de tal manera, que pongamos atención más cuidadosa.

Pregunta 8 ?

Una zarza es una planta del desierto, común, humilde e inofensiva, como una piedra o la arena. ¿Qué son cosas comunes y sencillas, equivalentes a la zarza, alrededor de usted o de su centro de trabajo?

Leer Éxodo 3:3 📖

así que pensó: ¡Qué increíble! Voy a ver por qué no se consume la zarza.

Pregunta 9 ?

¿Cómo responde Moisés a lo que ve?

Con curiosidad; lo que ve, lo considera una "increíble visión", preguntándose a sí mismo por qué la zarza que está en llamas, no se consume.

Leer Éxodo 3:4–5 📖

Cuando el Señor vio que Moisés se acercaba a mirar, lo llamó desde la zarza:

—¡Moisés, Moisés!

—Aquí me tienes —respondió.

—No te acerques más —le dijo Dios—. Quítate las sandalias, porque estás pisando tierra santa.

Guía de estudio	Notas
Pregunta 10 ? ¿Qué le dice el Señor cuando Moisés se acerca a la zarza?	El Señor ve que Moisés se acerca para mirar, y Dios lo llama desde la zarza. Dios lo llama dos veces por su nombre, le dice que no se acerque porque el lugar donde está parado es sagrado.
Leer Éxodo 3:6 📖 Yo soy el Dios de tu padre. Soy el Dios de Abraham, de Isaac y de Jacob. Al oír esto, Moisés se cubrió el rostro, pues tuvo miedo de mirar a Dios.	
Pregunta 11 ? ¿Qué más le dice Dios? ¿Qué nos dicen estos versículos acerca de Dios?	Dios se encuentra con Moisés en un simple zarza del desierto. Dios le habla a Moisés desde una zarza, lo llama por su nombre y le nombra a sus antepasados.
Pregunta 12 ? ¿Cómo responde Moisés? ¿Por qué le responde de esa manera?	Moisés esconde su cara y teme ver a Dios. Teme que Dios lo entregue al faraón.
Explicación ✓	Los dos verbos, "esconder" y "temer" son los mismos verbos en Éxodo 2:12-14, invitando al lector a recordar cómo Moisés escondió el cadaver del capataz egipcio en la arena, tuvo miedo del faraón y huyó.

Guía de estudio	Notas

Sugerencia

! Pida a un voluntario, leer Éxodo 3:9-10 e invite a la gente a que ponga mucha atención a lo que el Señor hará, ¿lo regañará por matar al egipcio? ¿lo entregará al faraón para que enfrente a la justicia?

Leer Éxodo 3:7 📖

Pero el Señor siguió diciendo:

—Ciertamente he visto la opresión que sufre mi pueblo en Egipto. Los he escuchado quejarse de sus capataces, y conozco bien sus penurias.

Pregunta 13 ?

¿Cómo responde el Señor a Moisés? ¿Qué nos dice esto acerca del Señor?

Dos veces, literalmente, el Señor le dice, "He visto, he visto", evocando las dos veces que Moisés vio, primero el trabajo tan duro de su gente y luego, cuando el egipcio golpea al esclavo hebreo.

El Señor se identifica con las injusticias que Moisés atestiguó en el pasado. Dice que ha escuchado sus lamentos y conoce sus sufrimientos.

Leer Éxodo 3:8 📖

Así que he descendido para librarlos del poder de los egipcios y sacarlos de ese país, para llevarlos a una tierra buena y espaciosa, tierra donde abundan la leche y la miel. Me refiero al país de los cananeos, hititas, amorreos, ferezeos, heveos y jebuseos.

Guía de estudio	Notas

Pregunta 14

¿Qué dice el Señor que va a hacer?

¿Qué diferencia hay entre la respuesta de Moisés a la opresión, en Éxodo 2:11-12?

Que ha descendido para liberarlos a "ellos". Dios desea liberarlos de "toda" la gente, mientras que Moisés busca liberar un esclavo hebreo quien está siendo maltratado.

Es más, la visión del Señor de liberación incluye sacar a su pueblo de Egipto y asentarlos en una tierra que mana leche y miel.

Sugerencia

Invite a la gente a poner mucha atención de cómo el Señor liberará al pueblo, pida a un voluntario leer Éxodo 3:9-10.

Leer Éxodo 3:9–10

"Han llegado a mis oídos los gritos desesperados de los israelitas, y he visto también cómo los oprimen los egipcios. Así que dispónte a partir. Voy a enviarte al faraón para que saques de Egipto a los israelitas, que son mi pueblo".

Pregunta 15

¿Qué dice Dios y cómo responde?

What does God say and how does God respond?

El Señor repite que los lamentos de los israelitas han llegado a él y que ha visto la opresión de los egipcios.

El Señor recluta a Moisés, lo manda a ver al faraón para que él saque al pueblo de Dios de Egipto.

Guía de estudio	Notas

Explicación

✓

El Señor identifica el llamado original de Moisés a responder a la opresión de su pueblo. La visión de Dios para Moisés, vaya más allá, de la visión misma de Moisés.

Dios envía a Moisés a ver al faraón, el gobernante, en vez, de que vea a un funcionario de menor rango, (un capataz).

Dios manda a Moisés a sacar de Egipto, al pueblo de Dios, no a reformar a Egipto.

Invitación ⟶

¿Cómo se siente influido, personalmente, por esta historia? ¿Se siente atraído por el Señor al revelársele, él mismo, a Moisés?

Sugerencia

!

Invite a la gente a considerar cómo Moisés responde en el siguiente versículo.

Leer Éxodo 3:11 📖

"Pero Moisés le dijo a Dios:

—¿Y quién soy yo para presentarme ante el faraón y sacar de Egipto a los israelitas?"

Pregunta 16 ?

¿Cómo responde Moisés? ¿Por qué?

Le pregunta a Dios, "¿quién soy yo" para ir en esta misión? ¿No se considera capaz o digno?

Guía de estudio	Notas

Leer Éxodo 3:12 📖

—Yo estaré contigo —le respondió
Dios—. Y te voy a dar una señal de
que soy yo quien te envía: Cuando
hayas sacado de Egipto a mi pueblo,
todos ustedes me rendirán culto en
esta montaña.

Pregunta 17

¿Cómo le responde Dios a Moisés?

> Dios le dice a Moisés, "Yo estaré
> contigo". Le va a dar una señal que
> verá, "después" que libere al pueblo.
> Le rendirán culto a Dios, ahí, en
> esa montaña.

Pregunta 18

¿Qué piensas de la respuesta de Dios?

> El ángel del Señor, quien se aparece en
> una zarza en flamas, promete que estará
> con Moisés en esta misión. Invite a la
> gente a considerar si esta visión sería
> suficiente para permitirles confiar el
> llamado de Dios.

Invitación ⟶

> Invite a la gente a que piense acerca de
> cómo se sentirían si el ángel del Señor
> los encuentra y se reúnen en una visión,
> y, luego los llama a una misión y les
> promete estar con ellos.
>
> Considere invitar al Espíritu Santo a
> que se revele su presencia a cada uno y
> los ayude a discernir su llamado.

Guía de estudio	Notas
Lectura opcional: Tito 2:11–13	
"En verdad, Dios ha manifestado a toda la humanidad su gracia, la cual trae salvación y nos enseña a rechazar la impiedad y las pasiones mundanas. Así podremos vivir en este mundo con justicia, piedad y dominio propio, mientras aguardamos la bendita esperanza, es decir, la gloriosa venida de nuestro gran Dios y Salvador Jesucristo".	Si el tiempo lo permite, invite a leer a alguien Tito 2:11-13, lo que tiene paralelos con Éxodo 3.
Explicación	Como el ángel que se le apareció a Moisés que desdeña su indignidad, dese cuenta, aquí, cómo la gracia del Señor aparece y trae salvación a toda la gente. En vez de estar pasivos esperando a que Dios aparezca, fíjese, cómo en el versículo 13, sugiere que podemos, de forma activa, buscar "la gloriosa venida de nuestro gran Dios y Salvador, Jesucristo".
Lectura opcional: Tito 2:14	
"Él se entregó por nosotros para rescatarnos de toda maldad y purificar para sí un pueblo elegido, dedicado a hacer el bien".	
Pregunta 19	
¿Qué hace Jesús por nosotros según el versículo 14?	Jesús se entregó a sí mismo por nosotros para redimirnos, (pagó la fianza), de toda maldad, (delito). Jesús purifica a su pueblo para él mismo, dedicado a hacer el bien.

Guía de estudio	Notas
Explicación	"Dedicado" o "deseosos de". Jesús nos purifica de tal manera que perseguimos con pasión acciones que nos estimulan a alcanzar el Reino de Dios.
Invitación ⟶	Tomemos un tiempo para expresar nuestro deseo de buscar por la bendecida esperanza y aparición de la gloria de Jesucristo.
	Cierre con una oración.

4.

DIOS LLAMA Y EMPODERA AL INCOMPETENTE GEDEÓN COMO REFORMADOR Y LIBERTADOR

JUECES 6:1-24

Guía de estudio	Notas
Introducción	Durante un oscuro y caótico periodo de la historia de Israel, Dios llama a Gedeón como reformador y libertador de su pueblo. El libro de Jueces expone la idolatría y rebelión del pueblo de Dios, en una crítica profética, sin censura convocándolos a que se arrepientan y se conviertan. Israel constantemente olvida y reofende a Dios al ser seducidos de prácticas de estilos de vida destructivas alrededor de ellos. Esto debilita a Israel, haciéndolos vulnerables a ataques de bandas rivales vecinas, como los filisteos, cananeos, amoitas y madianitas, quienes subyugaron y brutalmente oprimieron al pueblo de Dios. Cuando ellos clamaron por ayuda, Dios muestra misericordia al levantar y empoderar al descalificado Gedeón como un valiente libertador y gobernador.
Leer Jueces 6:1 📖 "Los israelitas hicieron lo que ofende al Señor, y él los entregó en manos de los madianitas durante siete años".	
Pregunta 1 ❓ ¿Qué hicieron los hijos de Israel, de acuerdo a este versículo?	Hicieron el mal, lo que ofende al Señor.

Guía de estudio	Notas

Explicación ✓

De acuerdo a Jueces, hacer el mal a la vista del Señor, incluye rechazar a Dios, adorar falsos Dioses o potestades y el olvido del Señor, (Jueces 3:7).

Un poco antes, en Jueces, supimos que "Esos israelitas hicieron lo que ofende al Señor y adoraron a los ídolos de Baal. Abandonaron al Señor, Dios de sus padres, que los había sacado de Egipto, y siguieron a otros dioses —dioses de los pueblos que los rodeaban—, y los adoraron, provocando así la ira del Señor. Abandonaron al Señor, y adoraron a Baal y a las imágenes de Astarté", (2:11–13).

Pregunta 2 ?

¿Cómo y dónde vemos a la gente rechazando y olvidando a Dios y adorando potestades menores, en la actualidad?

Pregunta 3 ?

¿Qué hace el Señor para responder las malas acciones de Israel?

El Señor los entrega en manos de Medián, durante siete años.

Explicación ✓

El hecho de que Dios entrega al pueblo en manos de sus enemigos sugiere que el pueblo estaba previamente con Dios, beneficiándose de su protección. Al entregarlos en las manos de los madianitas, Dios renuncia de su papel protector, permitiendo que la gente experimente las consecuencias de darle la espalda.

Los madianitas eran enemigos de Israel. Ellos invadían sus cosechas y los hostigaban de diferentes maneras.

Guía de estudio	Notas
Invitación ⟶	Invite a la gente a compartir, personalmente, las consecuencias negativas que sufrieron por sus acciones. Considere preguntar si la gente cree que Dios permite que tengamos experiencias negativas, por nuestras decisiones destructivas.
Sugerencia	Si hay tiempo, leer Jueces 6:2-5, alertando a la gente que estos versículos describen un mundo extranjero. Invite a la gente a pensar acerca de lo que podría parecer esta situación en la actualidad, en nuestro lenguaje y nuestros tiempos.
	Sino, de una breve síntesis de estos versículos.

Leer Jueces 6:2–5

"Era tal la tiranía de los madianitas que los israelitas se hicieron escondites en las montañas y en las cuevas, y en otros lugares donde pudieran defenderse. Siempre que los israelitas sembraban, los madianitas, amalecitas y otros pueblos del oriente venían y los atacaban. Acampaban y arruinaban las cosechas por todo el territorio, hasta la región de Gaza. No dejaban en Israel nada con vida: ni ovejas, ni bueyes ni asnos. Llegaban con su ganado y con sus carpas como plaga de langostas. Tanto ellos como sus camellos eran incontables, e invadían el país para devastarlo".

Guía de estudio	Notas
Pregunta 4 ?	"La tiranía de Madian" vence a Israel. Los madianitas destruyen las cosechas de Israel, se lleva sus animales y devasta su tierra.
¿Quiénes vienen en contra del pueblo de Israel? ¿Cómo dañan al pueblo de Israel? ¿Cómo responde Israel?	El pueblo de Israel hace cuevas y escondrijos en las montañas.
Explicación ✓	Todo lo que el pueblo produjo y consiguió lo roba la tiranía de Madian. Esta tiranía los persigue agresivamente y se lleva todas las posesiones y sus ingresos del pueblo.
Sugerencia !	Trate de hacer preguntas con más detalle, como, "¿Cuáles son las tiranías que vienen en contra de nosotros, en la actualidad, se llevan nuestro ingreso y nos traen inseguridad y devastación"?
Leer Jueces 6:6 📖	
"Era tal la miseria de los israelitas por causa de los madianitas, que clamaron al Señor pidiendo ayuda".	
Pregunta 5 ?	El pueblo de Israel empobreció tanto que le pidió ayuda al Señor.
¿Cómo responde el pueblo de Israel a estas dificultades?	The people are brought very low, and they cry out to the Lord.

Guía de estudio	Notas
Explicación ✓	"Traer miseria", (*dalal* en hebreo), significa estar débil, oprimido, agotado, vacío, desigual, empobrecido. (Ver Is 38:14; Sal 79:8, 116:6, 142:6.
	"Pedir ayuda", (*zaʼak* en hebreo), se define como "pedir ayuda en una necesidad", y es una declaración de horror, ansiedad, alarma, angustia, aflicción. (Ver Éx 2:23; Juec 3:9, 15, 10:10; 1 Sam 7:8, 12:8, 10; Is 26:17, 57:13; Ez 21:l2).
Pregunta 6 ?	
¿Pasa lo mismo en la actualidad? ¿Le ha sucedido a usted?	
Invitación ⟶	Considere en invitar a la gente a que comparta cuando se ha visto en una situación de miseria y a pedido ayuda a Dios.
	Invite a la gente a pensar cómo responderían a la pregunta: "¿Cómo les respondió Dios a su llamado?". Pida a un voluntario a que lea los siguientes versículos.
Leer Jueces 6:7–9 📖	
"Cuando los israelitas clamaron al Señor a causa de los madianitas, el Señor les envió un profeta que dijo: Así dice el Señor, Dios de Israel: 'Yo los saqué de Egipto, tierra de esclavitud, y los libré de su poder. También los libré del poder de todos sus opresores, a quienes expulsé de la presencia de ustedes para entregarles su tierra'".	

Guía de estudio	Notas
Pregunta 7	El pueblo pidió ayuda al Señor por los problemas con los madianitas. En respuesta a sus pedidos de ayuda, Dios les envió un profeta, que le sirvió como un portavoz.
¿Qué nos dicen estos versículos acerca de la reacción de Israel? ¿Cómo responde el Señor?	
Pregunta 8	El Señor envía profetas humanos al pueblo para que pueda comunicarles sus divinos mensajes.
¿Qué nos dicen estos versículos acerca de Dios?	El Señor es un Dios de liberación; libera a Israel de la esclavitud de Egipto y de otros opresores.
	El Señor le recuerda a la gente que él les dio las tierras de sus enemigos, un mensaje que habla de la experiencia Israel de que los medianitas robaron sus cosechas y su ganado.
Leer Jueces 6:10	
"Les dije: 'Yo soy el Señor su Dios; no adoren a los dioses de los amorreos, en cuya tierra viven'. Pero ustedes no me obedecieron".	
Pregunta 9	El Señor les dice a la gente que cometieron maldad ante sus ojos, "Yo soy el Señor su Dios".
¿Qué dice el profeta acerca del Señor? ¿Qué nos dice esto a nosotros, acerca de Dios?	El Señor los tranquiliza, que él está ahí para ayudarlos y que no teman a los dioses de los amorreos.
	Dios no se asocia con castigo sino con liberación.

Guía de estudio	Notas

Explicación ✓

El Señor le dice al pueblo que no lo han obedecido. Quiere que la gente confíe en él al escuchar su voz.

La palabra "obedecer" en hebreo es *shama*, que literalmente significa "oír". Este versículo, literalmente, se puede traducir, "Pero ustedes no han oído, (o escuchado), mi voz".

Pregunta 10 ?

¿Alguna vez ha sentido que debería o no debería hacer algo? ¿Ha seguido o ignorado ese aviso?

Sugerencia !

Si el tiempo lo permite, considere en invitar a la gente a que reflexione sobre sus propias experiencias de sentir un aviso de que ellos necesitaban hacer algo en particular como una manera de evitar un problema.

Invite a la gente a compartir las veces que ellos ignoraron o no pusieron atención a esos avisos.

Invítelos a considerar cómo esa intuición de lo que deberían hacer podría ser un reflejo de la dirección del Espíritu.

Leer Jueces 6:11–12 📖

"El ángel del Señor vino y se sentó bajo la encina que estaba en Ofra, la cual pertenecía a Joás, del clan de Abiezer. Su hijo Gedeón estaba trillando trigo en un lagar, para protegerlo de los madianitas. Cuando el ángel del Señor se le apareció a Gedeón, le dijo:

—¡El Señor está contigo, guerrero valiente!"

Guía de estudio	Notas
Explicación	La palabra "ángel", (*malak*), también, significa "mensajero". El ángel del Señor es una manifestación misma del Señor.
	Gedeón se encontraba trillando trigo, bajo tierra, (en una prensadora de vino), para evitar que los madianitas lo descubrieran, limpiaba el trigo desde cierta distancia.
Pregunta 11 ¿Qué hace y dice el ángel del Señor?	El ángel del Señor llega y se sienta bajo un encino, donde Gedeón estaba limpiando el trigo.
	Le dice a Gedeón, "El Señor está contigo, guerrero valiente".
Explicación	El Señor llega directamente a Gideón cuando en secreto, estaba limpiando el trigo y le dice que es un guerrero valiente.
Leer Jueces 6:13 —Pero, señor —replicó Gedeón—. si el Señor está con nosotros, ¿cómo es que nos sucede todo esto? ¿Dónde están todas las maravillas que nos contaban nuestros padres, cuando decían: "¡El Señor nos sacó de Egipto!"? ¡La verdad es que el Señor nos ha desamparado y nos ha entregado en manos de Madián!	

Guía de estudio	Notas

Pregunta 12 ?

¿Cómo responde Gedeón al ángel del Señor?

Gedeón se queja con el ángel del Señor. Desafía lo que dice el ángel, que el Señor está con ellos. No reconoce que el ángel es el Señor, (Dios).

Gedeón le pregunta al ángel por qué les pasa todo eso y dónde están los milagros que ellos dicen que pasaron, como el que, el Señor liberó Israel de Egipto.

Gedeón dice que el Señor los ha abandonado y los ha entregado en manos de Madián. Estas últimas palabras son la repetición de Jueces 6:1.

Invitación ⟶

Invite a la gente a que considere si ellos están decepcionados o tienen quejas de Dios, debido a alguna oración no concedida.

Si el tiempo lo permite, invite a la gente a que comparta sus decepciones, en privado, en una oración a Dios; o publicamente, con el grupo.

Pregunta 13 ?

¿Qué imagen tiene Gedeón de Dios?
¿Cómo se ve así mismo y su pueblo?

Lo que ve él es un Dios ausente. Dios no hace más milagros para ellos y los ha abandonado.

Se ve así mismo y a su pueblo, como víctimas.

Pregunta 14 ?

¿Conoce a gente que sienta que Dios los ha abandonado? ¿Conoce a gente que se vea así misma como víctimas? ¿Usted ha visto a Dios o así mismo de la misma manera?

Guía de estudio	Notas
Leer Jueces 6:14 📖 "El Señor lo encaró y le dijo: —Ve con la fuerza que tienes, y salvarás a Israel del poder de Madián. Yo soy quien te envía".	
Pregunta 15 ❓ ¿Cómo responde el Señor a Gedeón? ¿Cómo ve el Señor a Gedeón?	El Señor busca a Gedeón y lo envía como el libertador de Israel. El cree en Gedeón y cree que es capaz de liberar a su pueblo.
Explicación ✓	En vez de alejarse de Gedeón, el Señor, literalmente, "va hacia él", (*pana alio* en hebreo). *Pana*, también, significa "encarar, buscar". El Señor se dirige a Gedeón, directamente, con un imperativo, (una orden): "Ve con la fuerza que tienes, y salva a Israel del poder de Madián", (los que el Señor puso en sus manos cuando hicieron el mal frente a sus ojos). "Fuerza", (*koach* en hebreo), que es fuerza física, habilidad, poder. El Señor entonces desafía a Gedeón con una pregunta: ¿No soy yo el que te envía?

Guía de estudio	Notas
Invitación ⟶	Invite a la gente a considerar cómo esta historia desafía las imágenes de Dios y de sí mismos. Podría usar las siguientes sugerencias para guiar esta invitación reflexiva.
	Tome un momento para pedirle a Dios que se revele así mismo y le muestre cómo ve a cada quien.
	Aléjese de formas negativas de Dios y de usted. Pida al Espíritu Santo que renueve su mente para ver a Dios y a usted mismo con una mirada fresca.

Leer Jueces 6:15 📖

"—Pero, Señor —objetó Gedeón—, ¿cómo voy a salvar a Israel? Mi clan es el más débil de la tribu de Manasés, y yo soy el más insignificante de mi familia".

Pregunta 16 ?

¿Qué responde Gedeón al Señor? ¿Cómo se ve a sí mismo? ¿Alguna vez se ha visto de la misma manera?	Gedeón le pregunta al Señor cómo va a liberar a Israel cuando él es de una familia insignificante, de una de la tribus más pequeñas, (Manasés), y que es el más joven de la familia.
	Gedeón se ve a sí mismo, como alguien incapaz, incompetente y sin importancia.

Leer Jueces 6:16 📖

El Señor respondió:

—Tú derrotarás a los madianitas como si fueran un solo hombre, porque yo estaré contigo.

Guía de estudio	Notas
Pregunta 17 ?	
¿Qué contesta el Señor a la inseguridad de Gedeón?	El Señor le dice, "Yo estaré contigo", le asegura a Gedeón que él vencerá a los madianitas como si fueran un solo hombre.
Sintetice Jueces 6:17–24 📖	En Jueces 6:17–24, Gedeón le pide al Señor una señal. Gedeón se va y regresa con una ofrenda para el Señor. El Señor le enseña cómo hacer la ofrenda y Gedeón ve un fuego que consume la ofrenda cuando el ángel la toca con su bastón; y luego el ángel desaparece.
	Gedeón cree que va a morir porque vio al Señor cara a cara, pero el Señor le dice que no va a morir. Entonces, Gedeón construye un altar para el Señor e inicia un movimiento de reforma entre su gente, y destruye los altares a Baal y los remplaza con los altares al Señor.
	En el capítulo 7, Gedeón sigue meticulosamente las instrucciones del Señor y eventualmente dirige Israel en la batalla contra los madianitas, quienes los superan en número. Como lo prometió, el Señor entrega los madianitas a manos de Israel.
Pregunta 18 ?	
¿De qué manera Dios te habla a través de esta historia? ¿Qué problemas o asuntos en su vida, comunidad o en el mundo encuentra, particularmente, molestos?	

Guía de estudio	Notas
Invitación ⟶	Invite a la gente a responder en oración a la siguiente pregunta: "¿Dios lo está llamando a enfrentar un problema en su vida, en la comunidad o en el mundo?".
	Invite a la gente a compartir, si se sienten cómodos. Cierre con una oración.

5.

EL ANUNCIAMIENTO DE DIOS A MARÍA

LUCAS 1:39-56

Guía de estudio	Notas
Introducción	Esta es la historia del encuentro de Elizabeth y María después de que, milagrosamente, se embarazaran. Se asume la previa anunciación de María del nacimiento de Jesús y su poderosa respuesta que se recuerda en un canto. Aquí vemos cómo responden las dos mujeres a la acción de Dios, en el mundo por medio de sus embarazos.
Antecedentes	Justo, un poco antes de este texto, el ángel Gabriel se le aparece a Zacarías, un sacerdote, y le anuncia que su estéril y anciana esposa, Elizabet, le dará un hijo. Este hijo será Juan el Bautista, quien anunciará la venida del Mesías de Israel y el Salvador del mundo.
	Luego, Gabriel anuncia a María que concebirá y dará a luz un hijo llamado Jesús. Gabriel le revela, también, que su pariente, Elizabet ha concebido un hijo. En la siguiente historia, María va a visitar a Elizabet.

Leer Lucas 1:39–41   📖

"A los pocos días María emprendió el viaje y se fue de prisa a un pueblo en la región montañosa de Judea. Al llegar, entró en casa de Zacarías y saludó a Elisabet. Tan pronto como Elisabet oyó el saludo de María, la criatura saltó en su vientre. Entonces Elisabet, llena del Espíritu Santo".

Guía de estudio	Notas
Pregunta 1 ?	Son dos mujeres embarazadas, María y Elizabet, el bebé de Elizabet y el Espíritu Santo.
¿Quiénes son los protagonistas de esta historia y qué hace cada uno de ellos?	
	María va a visitar a Elizabet, la cual le da la bienvenida. El bebé de Elizabeth saltó en su vientre. Elizabet se llenó del Espíritu Santo.
Explicación ✓	Juan recibió el Espíritu Santo en el vientre, (Luc 1:15), y aquí, proféticamente brinca ante el Mesías, que está en el vientre de María.
	Ver Malaquías 4:2. "Pero para ustedes que temen mi nombre, se levantará el sol de justicia trayendo en sus rayos salud. Y ustedes saldrán saltando como becerros recién alimentados".
Leer Lucas 1:42–45 📖	
"Y exclamó:	
—¡Bendita tú entre las mujeres, y bendito el hijo que darás a luz! Pero, ¿cómo es esto, que la madre de mi Señor venga a verme? Te digo que tan pronto como llegó a mis oídos la voz de tu saludo, saltó de alegría la criatura que llevo en el vientre. ¡Dichosa tú que has creído, porque lo que el Señor te ha dicho se cumplirá!	

Guía de estudio	Notas

Pregunta 2 ❓

¿Cómo reacciona Elizabet a la visita de María?

Exclama en voz alta, la bendice, a ella y al bebé.

Bajo la influencia del Espíritu, declara que María es la madre de "mi Señor". Ella es la intérprete de su feto, Juan, anunciando al escondido, Hijo de Dios.

Bendice a María, porque ella creyó lo que Dios le dijo todo se cumplirá, (aunque Elizabet no sabía lo que el ángel le dijo a María).

Pregunta 3 ❓

¿Por qué Elizabet está tan impresionada de que María haya creído lo que Dios le dijo? ¿Qué fue lo que le dijo el ángel?

María creyó la anunciación del ángel, en cambio, el esposo de Elizabet no creyó, (Luc 1:20).

Explicación

Las Escrituras enfatizan la importancia de creer en mensajes proféticos y en anunciaciones. En Lucas 24:25, Jesús dice: "—¡Qué torpes son ustedes — les dijo—, y qué tardos de corazón para creer todo lo que han dicho los profetas!". En Hechos 10:43, Pedro dice: "De él dan testimonio todos los profetas, que todo el que cree en él recibe, por medio de su nombre, el perdón de los pecados".

Ahora, regresemos y veamos cómo responde María cuando el ángel le hace la anunciación de que ella dará a luz a Jesús.

Guía de estudio	Notas

Leer Lucas 1:30–33, 35 📖

"—No tengas miedo, María; Dios te ha concedido su favor —le dijo el ángel—. Quedarás encinta y darás a luz un hijo, y le pondrás por nombre Jesús. Él será un gran hombre, y lo llamarán Hijo del Altísimo. Dios el Señor le dará el trono de su padre David, y reinará sobre el pueblo de Jacob para siempre. Su reinado no tendrá fin.

—El Espíritu Santo vendrá sobre ti, y el poder del Altísimo te cubrirá con su sombra. Así que al santo niño que va a nacer lo llamarán Hijo de Dios".

Pregunta 4 ?

De acuerdo al ángel, ¿qué tiene de especial el hijo de María?

El niño es el Hijo del Altísimo y lo llamarán el Hijo de Dios. Recibirá el trono de su padre David y su reino no tendrá fin.

Pregunta 5 ?

¿Qué nos dice la anunciación acerca de Dios?

Dios favorece a una humilde mujer, quien dará a luz un hijo. Dios se vuelve un ser humano con el nacimiento de Jesús. Él llega a cumplir las promesas a Israel y a David de que el Reino de Dios que establecería sería eterno. Dios establece su Reino a través de Jesucristo, quien es Dios y es un ser humano.

Guía de estudio	Notas

Leer Lucas 1:46–51 📖

"Entonces dijo María:

—Mi alma glorifica al Señor,
y mi espíritu se regocija en Dios mi
Salvador,
porque se ha dignado fijarse en su
humilde sierva.
Desde ahora me llamarán dichosa todas
las generaciones,
porque el Poderoso ha hecho grandes
cosas por mí.
¡Santo es su nombre!
De generación en generación
se extiende su misericordia a los que
le temen.
Hizo proezas con su brazo;
desbarató las intrigas de los soberbios".

Explicación

Exaltar, (*megalyno*), significa
declarar grandeza, mostrar grandeza,
magnificar, mostrar alto honor.

Basado en la experiencia de Dios de
María, su alma, (o sea su intelecto, sus
emociones y su voluntad), considera la
grandeza de Dios.

Regocijar, (*agalliao*), significa hacer
glorioso, estar llena de alegría. El
espíritu de María, (en contraste con su
alma), exalta a Dios por sus acciones.

Guía de estudio	Notas
Pregunta 6 ?	"Fijarse", (*epiblepo*), significa contemplar, mirar con fijeza, notar y poner especial atención a.
¿Por qué cree María que Dios es grande?	
¿Qué hizo Dios por María?	Dios se fijó en María, aún en su humilde estado e hizo grandes cosas por ella.

"Fijarse", (*epiblepo*), significa contemplar, mirar con fijeza, notar y poner especial atención a.

Dios se fijó en María, aún en su humilde estado e hizo grandes cosas por ella.

Dios muestra misericordia de generación en generación para aquellos que le temen.

Dios está haciendo grandes hazañas con su brazo, desbarata las intrigas de los soberbios.

Leer Lucas 1:52–56 📖

De sus tronos derrocó a los poderosos, mientras que ha exaltado a los humildes.

A los hambrientos los colmó de bienes, y a los ricos los despidió con las manos vacías.

Acudió en ayuda de su siervo Israel y, cumpliendo su promesa a nuestros padres, mostró su misericordia a Abraham y a su descendencia para siempre.

María se quedó con Elisabet unos tres meses y luego regresó a su casa.

Pregunta 7 ?

¿De acuerdo a María, cómo sería Dios?

Dios derroca a los poderosos de sus tronos, exalta a los humildes, colma a los hambrientos con bienes y a los ricos los despide con las manos vacías. Dios ayuda a Israel, su siervo, y recuerda las promesas a sus ancestros.

Guía de estudio	Notas

Pregunta 8 ?

¿Dónde ve señales de Dios, haciendo que pasen estas acciones en su vida o en el mundo, en la actualidad?

Invitación ——>

Pida al Espíritu Santo le traiga a su mente las señales de que Dios es activo en usted y alrededor de usted.

Pida un regalo de fe, para creer que el Espíritu se muestra a usted. Ore a Dios para que satisfaga su hambre y lo llene con buenas cosas.

6.

LA PALABRA DE DIOS VIENE A JUAN EL BAUTISTA

LUCAS 3:1-6

Guía de estudio	Notas

Introducción

El día de hoy vamos a ver otro texto de la Biblia que se lee en el segundo domingo antes de Navidad, (año C), de Adviento, que significa "que viene".

Antes de que Jesús naciera, a otros se les avisó y comisionó para prepararse de su venida. La palabra de Dios, vino a Juan, lo reclutó como el portavoz que traía el mensaje a todo lo largo de la región del Jordán. Juan inicia un movimiento que continúa hasta nuestros días. Veamos cómo sucedió esto, y lo que puede significar en la actualidad.

Leer Lucas 3:1–2

"En el año quince del reinado de Tiberio César, Poncio Pilato gobernaba la provincia de Judea, Herodes era tetrarca en Galilea, su hermano Felipe en Iturea y Traconite, y Lisanias en Abilene; el sumo sacerdocio lo ejercían Anás y Caifás. En aquel entonces, la palabra de Dios llegó a Juan hijo de Zacarías, en el desierto".

Explicación

Este pasaje empieza al mencionar la fecha y los nombres de los líderes políticos romanos, así como a los líderes religiosos judíos, más poderosos e importantes. Literatura profética del Antiguo Testamento comienza de la misma manera. A la jerarquía dominante se le resalta para que destaque el hecho de que la palabra de Dios vino al insignificante Juan en el desierto. La resistencia y el cambio empieza desde abajo.

Guía de estudio	Notas
	La gente de la más alta jerarquía estuvo contra el reino de Dios. Herodes encarcela a Juan, (Luc 3:20), le corta la cabeza, (Luc 9:9). Poncio Pilatos, Herodes, (Luc 23:11), Anás y Caifás, (Jn 18:24), se vieron involucrados, directamente, en la crucifixión de Jesús.
Pregunta 1 ?	
¿A quiénes equivaldrían en la actualidad?	La manera en que esta historia se dice, instruye a los lectores acerca de la realidad común, autoridades políticas y religiosas, algunas veces trabajan juntos contra Jesús y el reino de Dios.
	"En el segundo año de la presidencia Donald Trump, cuando Mario Jose Bergoglio era el papa de la Iglesia Católica y Romana".
Pregunta 2 ?	
¿A quién le llegó la palabra del Señor y dónde estaba?	La palabra vino a Juan, el hijo de Zacarías, mientras estaba en el desierto. En la Biblia, el desierto se refiere a un lugar de fugitivos y parias.
	Nota: Juan era el hijo de Zacarías, (un sacerdote), y Elizabet, (de la casa de Aarón), que eran gente de bien, (Luc 1:6). Un ángel anunció su nacimiento como un predecesor al Mesías, quien iría con el espíritu y el poder de Elías para reconciliar a padres con hijos y guiar a los desobedientes a la sabiduría de los justos, (Luc 1:17).
Pregunta 3 ?	
¿Dónde estaría el desierto, en la actualidad?	Podrían ser las calles, las cárceles locales y las prisiones

Guía de estudio	Notas
Pregunta 4 ?	
¿Qué nos dice acerca de Dios cuando se dice que la palabra vino a un individuo?	La expresión, "la palabra de Dios vino" es común en los profetas en el Antiguo Testamento, donde la palabra de Dios, muchas veces se describe que viene a los individuos:
	(Gén 15:1; 1 Sam 15:10; 2 Sam 7:4; 24:11; Isa 38:4; Jer 1:2; Eze 1:3; Josué 1:1; Sof 1:1; Hageo 1:3; Zac 1:1).
	Dios toma la iniciativa, le habla a la gente, a quienes los llama sus portavoces. Luego los manda a que comuniquen a los demás, el mensaje de Dios .
Pregunta 5 ?	
¿Alguna vez ha sentido que la palabra de Dios ha venido a usted?	
Invitación ⟶	Pidamos al Espíritu Santo que recordemos si alguna vez la palabra de Dios ha venido a alguno de nosotros. Oremos para que experimentemos el envío de la palabra de Dios, aún en la actualidad.
Pregunta 6 ?	
¿Qué nos dice acerca de Dios el hecho de que Dios mandó su palabra a Juan en vez de personas importantes de poder?	Dios le habla a alguien fuera del sistema, de los márgenes, (en el desierto). La orden de preferencia de Dios es diferente, (ver el canto de María, la Magnífica, en Lucas 1:52).

Guía de estudio	Notas

Leer Lucas 3:3–4   📖

"Juan recorría toda la región del Jordán predicando el bautismo de arrepentimiento para el perdón de pecados. Así está escrito en el libro del profeta Isaías: «Voz de uno que grita en el desierto: "Preparen el camino del Señor, háganle sendas derechas".

Pregunta 7   ?

¿Dónde predica John? ¿Qué predicaba?

Recorría toda la región del Jordán. Predicaba un bautismo de arrepentimiento para el perdón de los pecados.

El Jordán es el río que sirve de borde entre el desierto y la tierra de Israel.

Preaching, (*kerysso*) significa proclamar, ser heraldo, proclamar, anunciar. Esta era la principal actividad de Jesús, (ver Luc 4:18, 44; 8:1). Jesús instruyó a sus seguidores a proclamar las grandes cosas que Dios había hecho por ellos, (Luc 8:39), y mandó a sus discípulos a proclamar el reino de Dios, el arrepentimiento y el perdón de los pecados, (ver Luc 9:2; 12:3; 24:47).

Arrepentimiento, (*metanoia*), significa "cambiar el modo de vida de uno como resultado de un cambio completo del pensamiento y de la actitud con respecto al pecado y la rectitud, arrepentirse, cambiar nuestra manera de ser, arrepentimiento.

Perdón de los pecados, (*aphesis*), aquí significa que Dios nos libera y nos remueve la culpa de los pecados que hemos cometido. El papel profético de Juan incluye el dar, "a su pueblo el conocimiento de la salvación para el perdón de sus pecados", (Luc 1:77).

Guía de estudio	Notas

Explicación ✓

Ver Lucas 1:76: "Y tú, hijito mío, serás llamado profeta del Altísimo, porque irás delante del Señor para prepararle el camino".

La palabra de Dios vino a Juan, quien, luego, anunció el mensaje de Dios a todos los lugares.

Leer Lucas 3:4 📖

"Así está escrito en el libro del profeta Isaías: 'Voz de uno que grita en el desierto: "Preparen el camino del Señor, háganle sendas derechas"'.

"Preparen", (*hetoimazo*), significa preparar

"Preparen" está dirigido a dos o más personas, (segunda persona del plural).

Pregunta 8 ?

¿Cómo este versículo de Isaía se relaciona con lo que Juan está haciendo? ¿Quién es la voz y dónde grita?

Juan proclama el bautismo del arrepentimiento del perdón de los pecados, en el desierto.

"Gritar", (*boao*), significa gritar, gritar en voz alta, gritar estridentemente, (ver Luc 9:38;18:7, 38).

Pregunta 9 ?

¿Quién estaba listo o preparado para hacer las sendas derechas?

Juan hará las sendas derechas, (*euthys*, derecho, nivelado, verdadero, a la vez).

Leer Lucas 3:5–6 📖

"Todo valle será rellenado, toda montaña y colina será allanada.

Los caminos torcidos se enderezarán, las sendas escabrosas quedarán llanas.

Y todo mortal verá la salvación de Dios".

Vea y considere leer Isaías 40:4 en voz alta: "Que se levanten todos los valles, y se allanen todos los montes y colinas; que el terreno escabroso se nivele y se alisen las quebradas".

Guía de estudio	Notas

Explicación

Este pasaje comienza con que la palabra de Dios viene a una persona, (Juan), en el desierto. Predica a toda la región, invita a todos a que se bauticen, se arrepientan y reciban el perdón. Llama a otros a prepararse en el camino del Señor, quien regresa a una Jerusalem en ruinas. Todas las barreras caerán para ver, y el resultado final será que todos verán la salvación del Señor.

Pregunta 10

¿Cómo preparamos el camino para la gente que se siente abandonada y devastada, pueda ver, con más facilidad, la salvación del Señor?

Como Juan, el Bautista, podemos acoger la palabra de Dios, recibir sus instrucciones de dónde, cuándo y entre quiénes preparar el camino a Jesús.

Nosotros mismos podemos vivir una vida de arrepentimiento, donde, activamente, recibamos el perdón de Dios.

Podemos predicar el bautismo del arrepentimiento para el perdón de los pecados a otros, lo cual prepará el camino a Jesús.

Invitación ⟶

Pidamos a Dios que nos hable, nos remueva cualquier barrera para ver y oír. Demos permiso al Espíritu Santo a que nos reclute y nos empodere como portavoces de Jesús y su reino.

7.

BAUTISMO, IDENTIDAD Y LLAMADO

LUCAS 3:15-22

Guía de estudio	Notas

Introducción

En todas las historias de la vida de Jesús, su bautizo sucede antes de su ministerio como hijo de Dios. Juan, el Bautista, bautiza con agua, anuncia a un libertador que vendrá después de él, a bautizar con el Espíritu Santo y con fuego.

Veamos las palabras de Juan y el bautizo de Jesús para ver lo que podría decirnos aquí y ahora.

Leer Lucas 3:15–16 📖

"La gente estaba a la expectativa, y todos se preguntaban si acaso Juan sería el Cristo.

—Yo los bautizo a ustedes con agua —les respondió Juan a todos—. Pero está por llegar uno más poderoso que yo, a quien ni siquiera merezco desatarle la correa de sus sandalias. Él los bautizará con el Espíritu Santo y con fuego".

Explicación

Al principio de Lucas 3, sabemos que Juan, el Bautista, "llegó a los alrededores de la región del Jordán, predicando un bautismo de arrepentimiento para el perdón de los pecados", (v. 3).

En Lucas1, sabemos que Juan está "preparando el camino del Señor", (v.17).

Así, Juan era el portavoz de Jesús; en el espíritu y poder de Elías, Juan vino a cambiar los corazones para reconciliar a padres con hijos y guiar a los desobedientes a la sabiduría de los justos, para hacer que la gente se aliste para prepararse para el Señor.

Guía de estudio	Notas
Pregunta 1 ?	
¿Qué está pensando la gente en cuanto a Juan?	La gente se pregunta si Juan es el tan esperado Cristo.
¿Qué dice Juan acerca de sí mismo?	Juan dice que vino a bautizar con agua, que él no es el Cristo.
Explicación ✓	Juan bautiza con agua, lo que simboliza el lugar donde el enemigo de Dios muere, el diluvio y el éxodo. En el libro del Èxodo, la armada del faraón persigue a los israelitas que huyen al Mar Rojo, el cual se parte para que pasen; una vez que pasan el mar, el agua cubre a los egipcios y los destruye.
	La gente confiesa sus pecados antes del bautismo y luego se sumergen en el agua. El bautismo representa el juicio de Dios de su pecado, por la muerte y la purificación.
	El Río Jordán, donde Juan bautiza está situado en la frontera entre Israel y el desierto.
	El bautismo en el Espíritu Santo representa la inmersión en Dios y el empoderamiento.
	El bautismo por fuego se refiere al Pentecostés, (Hechos 2).
Pregunta 2 ?	
¿Qué dice Juan acerca del Cristo, quién viene después de él?	Él que viene, después de Juan es más poderoso. Juan no se considera digno ante el Cristo. El Cristo bautizará con el Espíritu Santo y con fuego.
¿Qué diferencia hay del baustismo de Él que viene con el de Juan?	

Guía de estudio	Notas

Leer Lucas 3:17 📖

"Tiene el rastrillo en la mano para limpiar su era y recoger el trigo en su granero; la paja, en cambio, la quemará con fuego que nunca se apagará".

Explicación ✓

Un rastrillo es un herramienta que se usa para limpiar la cosecha de trigo. Las espigas del trigo se cortan, se llevan al piso de trilla y se golpean con varas o con el rastrillo. Cada espiga tiene, aproximadamente, 50 granos, y cada grano está cubierto de paja, que proteje el grano, de insectos y de las inclemencias del tiempo. Cada grano, con todo y paja; representa a una persona.

Juan dice que el Mesías que viene, (el Cristo), separará la paja del grano. Esta imagen se relaciona al juicio de Dios, (Jer 15:7; 51:2), también, al quemar la paja, (Is 5:24; 47:14; Joel 2:5; Nahum 1:10).

Esta metáfora sugiere que el juicio de Dios implica separarnos de nuestra cobertura protectora, la que una vez, era necesaria a un grano vulnerable, (una persona). Para que el grano se puede usar, esa cobertura protectora se le tiene que quitar.

Pregunta 3 ?

¿Qué sería la paja en nuestras vidas, lo que necesitamos y dependemos de ello para protegernos?

Imagen, reputación, dinero...

Guía de estudio	Notas

Pregunta 4   ?

¿Cuáles son las buenas nuevas que Juan predica a la gente?

Una verdadera conversión implica un cambio de corazón que haga una visible diferencia en nuestros estilos de vida. Tal conversión es necesaria al encarar la venida del juicio y el regreso de Jesús. Jesús viene a sumergirse a aquellos que lo esperan en el Espíritu Santo y en el fuego. Dios viene a separar lo que tiene valor, (el grano), de lo que ya no sirve, (la paja). El fuego de Dios purifica, destruye la paja de nuestras vidas.

Leer Lucas 3:19–20   📖

"Pero cuando reprendió al tetrarca Herodes por el asunto de su cuñada Herodías, y por todas las otras maldades que había cometido, Herodes llegó hasta el colmo de encerrar a Juan en la cárcel".

Pregunta 5   ?

¿Qué pasa con Juan? ¿Por qué se menciona esto?

Está encarcelado por reprender a Herodes por dormir con la esposa de su hermano.

Juan, enérgicamente, llama a la gente a que se arrepientan por cometer injusticias. Esto lleva al encarcelamiento de Juan.

con la ausencia de Juan, llega Jesús.

Leer Lucas 3:21   📖

"Un día en que todos acudían a Juan para que los bautizara, Jesús fue bautizado también. Y mientras oraba, se abrió el cielo, ...

Guía de estudio	Notas

Pregunta 6 ?

¿Qué pasa en este versículo?

Jesús se bautizó con agua, así como toda la gente. Jesús, humildemente, entra al bautismo de arrepentimiento y de perdón de los pecados de Juan.

Jesús está orando, mientras lo hace, se habren los cielos.

Leer Lucas 3:22 📖

...y el Espíritu Santo bajó sobre él en forma de paloma. Entonces se oyó una voz del cielo que decía: 'Tú eres mi Hijo amado; estoy muy complacido contigo'".

Pregunta 7 ?

¿Qué pasa después de que los cielos se abren? ¿Cómo responden a Jesús, el Espíritu Santo y el Padre?

El Espíritu Santo viene a Jesús, fisicamente, como una paloma.

La voz del Padre se escucha desde los cielos que dice: "Tu eres Hijo amado; estoy muy complacido contigo".

Explicación ✓

La oración de Jesús hace que los cielos se abran y el Espíritu Santo baja a él, en forma física, al mismo tiempo que el Padre le dice que es su Hijo amado.

Desde ahí, Jesús es empoderado y comienza su ministerio de predicación, sanación y liberación a la gente de malos espíritus.

Con esto se cumplen varias profesías acerca de Jesús, (Sal 2; Is 42:1), que lo identifican como el Hijo de Dios y el Siervo del Señor.

Guía de estudio	Notas
Leer Salmo 2:7–8 📖	

"Yo proclamaré el decreto del Señor: 'Tú eres mi hijo», me ha dicho; hoy mismo te he engendrado. Pídeme, y como herencia te entregaré las naciones; ¡tuyos serán los confines de la tierra!'"

Leer Isaías 42:1 📖

"Éste es mi siervo, a quien sostengo, mi escogido, en quien me deleito; sobre él he puesto mi Espíritu, y llevará justicia a las naciones".

Pregunta 8 ?

Si en Jesús se cumplen estas profesías, ¿qué nos dicen acerca de él?

Jesús es el Hijo de Dios. El Padre da a Jesús, su hijo, a las naciones. Jesús es el Siervo que escogió el Padre, en quien se deleita y a quien le dio su Espíritu.

Jesus is the Son of God.

Jesús traerá justicia a todas las naciones.

Pregunta 9 ?

Si Jesús bautiza con el Espíritu Santo y fuego, ¿qué podría significar eso para nosotros?

Nos empoderamos con el Espíritu Santo cuando Jesús nos lo envía.

Jesús nos llama a su ministerio para hacer discípulos de todas las naciones, al bautizarlos en el nombre del Padre, del Hijo y del Espíritu Santo, (Mat 28:19–20).

Invitación ⟶

Invite a Jesús a que nos bautice en Espíritu y fuego, sacando la paja de nuestras vidas y empoderándonos para su ministerio.

8.

JESÚS LLAMA A LOS PESCADORES COMO SUS DISCÍPULOS

MATEO 4:17-25

Guía de estudio	Notas
Introducción	Justo, después del bautismo y la tentación de Jesús, va a Galilea, donde recluta a la gente a unirse a su movimiento a anunciar el reino de Dios.
Antecedentes	El primo de Jesús, Juan, el Bautista, lo arrestan por criticar a Herodes. Antes del arresto de Juan, Jesús se retira al desierto, donde Satanás le ofrece todos los reinos del mundo, si lo adora, (ver Mat 4:8). Después del arresto de Juan, Jesús va a Galilea a una región, muy alejada de Jerusalem. Primero pasa a su pueblo, Nazareth, luego a Cafernaún, que tiene un lago. Mateo describe Galilea como un pueblo donde la gente, "camina en la oscuridad" y "ve una gran luz", enlazando el movimiento de Jesús cumpliéndose lo de Isaías 9:1–2 (ver Mat 4:12–16).
Leer Mateo 4:16 📖 "El pueblo que habitaba en la oscuridad ha visto una gran luz; sobre los que vivían en densas tinieblas la luz ha resplandecido".	
Pregunta 1 ❓ ¿Donde vemos gente que se encuentra en la oscuridad, o en la tierra bajo la sombra de la muerte?	Cárceles, hospitales, centros de trabajo...
Invitación ⟶	Invite a la gente a considerar si ellos se han sentido en la oscuridad. Pídales que describan esa experiencia y cómo se sintieron.

Guía de estudio	Notas
Leer Mateo 4:17 📖 "Desde entonces comenzó Jesús a predicar: 'Arrepiéntanse, porque el reino de los cielos está cerca'".	
Pregunta 2 ? Si Jesús se asocia con una gran luz, ¿qué es lo primero que dice y cuándo va a Galilea?	Jesús *predica y dice*, (habla). Llama a la gente a arrepentirse, lo que significa cambiar sus mentes porque el reino del cielo está por venir.
Explicación ✓	2 Pedro 1:19 describe la palabra hablada como un relámpago en la oscuridad: Esto ha venido a confirmarnos la palabra de los profetas, a la cual ustedes hacen bien en prestar atención, como a una lámpara que brilla en un lugar oscuro, hasta que despunte el día y salga el lucero de la mañana en sus corazones. Veamos dónde va Jesús y cómo trae el reino del cielo a Galilea.
Leer Mateo 4:18 📖 "Mientras caminaba junto al mar de Galilea, Jesús vio a dos hermanos: uno era Simón, llamado Pedro, y el otro Andrés. Estaban echando la red al lago, pues eran pescadores".	

Guía de estudio	Notas

Pregunta 3 ?

¿Adónde va Jesús? ¿Qué ve en Galilea?

Si Jesús revela a Dios, ¿qué nos dice esto acerca de Dios?

Jesús camina por el Mar de Galilea, donde ve a dos hermanos, Simón, (llamado Pedro), y Andrés, que son pescadores, que arrojaban sus redes al mar.

Jesús toma la iniciativa, va a los lugares de la gente. Sabe los nombres de la gente y lo que están haciendo.

Explicación ✓

Jesús no les predica a los pescadores ni los llama a que se arrepienten.

Veamos cómo reacciona Jesús a lo que ve.

Leer Mateo 4:19-20 📖

"Vengan, síganme —les dijo Jesús—, y los haré pescadores de hombres. Al instante dejaron las redes y lo siguieron".

Pregunta 4 ?

¿Qué hace Jesús en este versículo?

¿Cómo responden Simón y Andrés?

Jesús habla a los pescadores; los invita a que se unan con él, diciéndoles, "los hare pescadores de hombres".

Inmediatamente, Simón y Andrés dejan sus redes y lo siguen.

Explicación ✓

Jesús no está más solo. Otros dos se le unen. Veamos qué pasa después.

Guía de estudio	Notas
Leer Mateo 4:21–22 📖 Más adelante vio a otros dos hermanos: Jacobo y Juan, hijos de Zebedeo, que estaban con su padre en una barca remendando las redes. Jesús los llamó, y dejaron en seguida la barca y a su padre, y lo siguieron.	
Pregunta 5 ? ¿Qué pasa en este versículo? ¿Nota algo diferente de los versículos previos?	Jesús ve a otros dos hermanos, Santiago y Juan quienes están con su padre en el bote, remendando las redes. Los llama, que es diferente a solo hablarles. El texto no dice que Jesús les dijera que lo siguieran. El texto, también, no menciona que Jesús vea o llame a Zebedeo. Inmediatamente, Santiago y Juan dejaron su bote y a su padre, (sin mencionar las redes), y lo siguieron.
Pregunta 6 ? ¿Qué dejan los cuatro pescadores y cuándo siguieron a Jesús?	Simon y Andrés dejan sus redes. Santiago y Juan dejan su *bote* y a su *padre*.
Pregunta 7 ? ¿Cuáles serían los equivalentes de las redes, el bote y el padre, en la actualidad?	Las *redes* eran las herramientas para pescar. El *bote* es su medio de transporte y de trabajo. Su *padre* es su jefe y su familia.
Pregunta 8 ? ¿Cómo sería si Jesús llega a su trabajo y lo llama de la misma manera?	

Guía de estudio	Notas
Explicación ✓	Jesús, ahora tiene un equipo de cinco. Simón, Andrés, Santiago y Juan siguen a Jesús, alejándose del lago. Veamos dónde van después.
Leer Mateo 4:23 📖 "Jesús recorría toda Galilea, enseñando en las sinagogas, anunciando las buenas nuevas del reino, y sanando toda enfermedad y dolencia entre la gente".	
Explicación ✓	Jesús anda por toda Galilea. Enseña en las sinagogas, proclama el evangelio del reino y sana todo tipo de enfermedades y dolencias. Jesús quiere que la gente entienda.
Pregunta 9 ? ¿Quiénes se benefician de la misión de Jesús? ¿Cómo modela Jesús su "pesca", lo que están aprendiendo los cuatro pescadores para atrapar gente?	La gente de toda Galilea, que Mateo la describe como gente que se encuentra en la oscuridad. La gente que tiene toda clase de enfermedades y dolencias, también se beneficia de su ministerio. "Pesca" gente en las sinagogas al enseñarlos. "Pesca" a aquellos que sana de enfermedades y dolencias. Veamos que resulta con de la misión de Jesús.

Guía de estudio	Notas

Leer Mateo 4:24–25 📖

"Su fama se extendió por toda Siria, y le llevaban todos los que padecían de diversas enfermedades, los que sufrían de dolores graves, los endemoniados, los epilépticos y los paralíticos, y él los sanaba. Lo seguían grandes multitudes de Galilea, Decápolis, Jerusalén, Judea y de la región al otro lado del Jordán".

Pregunta 10 ?

¿Cómo crece el movimiento de Jesús?

¿Cómo se beneficia el equipo de pescadores de su ministerio?

Jesús y sus discípulos van a donde está la gente y responde a sus necesidades. Al mismo tiempo, Jesús enseña, predica y sana a las multitudes que lo siguen.

Los discípulos de Jesús se benefician con ser testigos cuando Jesús libera a la gente y luego lo siguen.

Invitación ⟶

¿Qué tanto lo mueve esta historia? ¿Cree que la misión de Jesús se da igual en la actualidad? ¿Se siente atraído de seguir la misión de Jesús?

9.

JESÚS LLAMA A PECADOR DE MALA FAMA MATEO

MATEO 9:9-13

Guía de estudio	Notas
Introducción	Jesús muestra especial interés en la gente que la gente religiosa y la sociedad rechaza. Justo antes de que comience nuestra historia, le llevan a Jesús un paralítico; publicamente, perdona los pecados del hombre y lo sana enfrente de los líderes religiosos, quienes juzgan a Jesús por perdonar los pecados del hombre.
	La multitud está maravillada de la sanación y alaban a Dios. Entonces, Jesús toma especial interés en un pecador de mala fama, al que llama para que se una a su movimiento como un discípulo.
	Veamos, más de cerca lo que sucede en esta historia.

Leer Mateo 9:9 📖

"Al irse de allí, Jesús vio a un hombre llamado Mateo, sentado a la mesa de recaudación de impuestos. 'Sígueme', le dijo. Mateo se levantó y lo siguió".

Pregunta 1 ?

¿Qué ve Jesús y qué pasa en la historia?	Jesús mira a un hombre llamado Mateo, que está sentado en la mesa de recaudación de impuestos.
	Jesús lo "ve"; aquí, no es juicioso, sino es incluyente y amistosa.
	El verbo griego que se usa es, *horao*, que es ver tanto natural como espiritualmente, (ver Matt 2:2, 10; 3:16; 4:16, 18, 21; 5:1, 8, 16; 8:14; 9:2, 4, 8, 36; 13:17; 14:14; 27:54; 28:6, 10, 17).
	Jesús le habla a Mateo y le da una orden: "sígueme". Mateo se levanta de su mesa y sigue a Jesús.

Guía de estudio	Notas
Explicación	Mateo es un colector de impuestos, miembro de una clase de gente que casi todo mundo odia. Jesús va justo donde Mateo está trabajando, cruzando la línea de gente "buena" y gente "mala", de esa época.
	Cuando Jesús "ve" a un hombre llamado Mateo, el verbo que se usa es *horao*, que nos evoca a Génesis 1, de la versión griega, donde se describe que Dios ve que todo lo hecho está bien, (Gén 1:10, 12, 18, 21, 25, 31). Lo que nos sugiere que Jesús ve que Mateo está bien.
Pregunta 2 ¿Quién sería el equivalente de un colector de impuestos el día de hoy?	
Pregunta 3 ¿Qué está haciendo Mateo cuando Jesús lo llama?	Sentado en su puesto, recogiendo los impuestos de la gente.
	No parece que Mateo esté interesado en Dios, ni orando o haciendo algo religioso. Se ve que que está muy diligente recolectando impuestos y no parece que ande buscando cambiar su vida.
Pregunta 4 ¿Qué le dice Jesús a Mateo?	"Sígueme".
¿Qué nos dice de Jesús esta orden?	Jesús no se avergüenza de asociarse con Mateo. No descalifica a Mateo, para que sea su discípulo, solo por sus antecedentes.
	"Follow me"

Guía de estudio	Notas
Leer Mateo 9:10 📖	
"Entonces, sucedió que Mientras Jesús estaba comiendo en casa de Mateo, muchos recaudadores de impuestos y pecadores llegaron y comieron con él y sus discípulos.	
Pregunta 5 ?	
¿Dónde fue Jesús? ¿Quiénes están ahí? En esta historia, ¿quiénes lo siguen?	Jesús sigue a Mateo a su casa, a la comunidad de sus compañeros recaudadores, quienes lo reciben muy hospitalariamente. Muchos colectores y pecadores se unen a Jesús y a sus discípulos en una comida.
Leer Marcos 2:15 📖	
"Sucedió que, estando Jesús a la mesa en casa de Leví, muchos recaudadores de impuestos y pecadores se sentaron con él y sus discípulos, pues ya eran muchos los que lo seguían".	
Sugerencia !	La versión de Marcos añade detalles acerca del impacto del ministerio sobre la comunidad, bastante grande, de colectores de impuestos y pecadores.
Pregunta 6 ?	
Si, Jesús es Dios, ¿qué nos dice esta historia cómo es Dios?	Dios no excluye a la gente que la gente religiosa y la sociedad excluye.
	Jesús atrae a los pecadores y lo siguen.

Guía de estudio	Notas

Leer Mateo 9:11 📖

"Cuando los fariseos vieron esto, le dijeron a sus discípulos, ¿por qué su Maestro está comiendo con recaudadores de impuestos y pecadores?"

Explicación ✓

Los fariseos eran gente muy religiosa que querían que se tomara cada mandamiento de Dios, al pie de la letra, para que la gente pudiera liberarse de la opresión y tuvieran bendiciones y prosperidad.

Pregunta 7 ?

¿Cómo reaccionan los fariseos en esta historia? ¿Por qué?

Creen que la gente de bien debería permanecer separada de los pecadores para mantenerse puros ellos mismos.

Pregunta 8 ?

Si, Dios viniera como hombre en la actualidad e hiciera amistad con aquellos que la sociedad odia, como las pandillas criminales, ¿cómo reaccionaría la gente?

Leer Mateo 9:12 📖

"Al oír esto, Jesús les contestó:

—No son los sanos los que necesitan médico sino los enfermos".

Guía de estudio	Notas
Pregunta 9 ?	Jesús les dice lo obvio, que la gente
¿Cómo reacciona Jesús a los fariseos?	enferma es la que necesitan un médico, no la gente sana. Jesús se identifica a sí mismo como un médico, e identifica a los recaudadores de impuestos y a los pecadores como los que necesitan sanar.
Leer Mateo 9:13 📖	
"Pero vayan y aprendan lo que significa: "Lo que pido de ustedes es misericordia y no sacrificios." Porque no he venido a llamar a justos sino a pecadores".	
Pregunta 10 ?	Jesús les ordena a los fariseos que dejen la casa de Mateo, (les dice que "vayan").
¿Qué les dice Jesús que hagan?	También les ordena que aprendan, les remarca una lectura profética del Antiguo Testamento: "Lo que pido de ustedes es amor y no sacrificios, conocimiento de Dios y no holocaustos", (Oseas 6:6).
Pregunta 11 ?	Jesús les dice que no ha venido a llamar a los "justos", sino a los "pecadores".
¿Qué les dice Jesús a los fariseos acerca de sus prioridades?	
Invitación ⟶	¿Qué prioridades cree que se deban ajustar en usted que reflejen a aquellas de Jesús?

10.

LA COMPASIÓN DE JESÚS Y SU MOVIMIENTO MISIONERO

MATEO 9:35-10:1

Guía de estudio	Notas

Introducción

En Mateo 9: 18-34, Jesús asistía a la gente que padecía de todo tipo de enfermedades, a la cual se le describe de tener una fe extraordinaria. Un jefe de los judíos le pide que pose sus manos en su hija de doce años que acaba de morir. En el camino, se le aproxima por detrás una mujer que tiene doce años sufriendo de hemorragias. Jesús atribuye esa sanación directamente a la fe de ella que la sana al momento. Luego Jesús resucita a la niña, (9:23-25), lo que causó que la noticia se diseminara por toda la región, (9:26). Después Jesús sanó a dos ciegos, y atribuyó la sanación a su fe, (9:27-30), y después Mateo describe cómo se corrió la noticia por toda la región.

Finalmente, Jesús le expulsa un demonio a un mudo, a lo que la gente decía: "¡Nunca se ha visto en Israel una cosa igual!". Los fariseos decían que era el propio jefe de los demonios que le había dado el poder de expulsarlos, (9:34). Jesús continúa con la proclamación del Reino de Dios y sanando, pero antes llamando y empoderando a más trabajadores para la cosecha.

Leer Mateo 9:35

"Jesús recorría todos los pueblos y aldeas enseñando en las sinagogas, anunciando las buenas nuevas del reino, y sanando toda enfermedad y toda dolencia".

Guía de estudio	Notas

Pregunta 1 ?

¿Dónde va Jesús y qué hace de acuerdo a este versículo?

Jesús va por todas las ciudades y aldeas, y enseña en las sinagogas judías.

Jesús está muy activo: "va", "enseña", "proclama" y "sana".

Jesus goes through *all* the cities and villages and teaches in the Jewish synagogues.

Jesus is active: "going. . . ," "teaching. . . ," "proclaiming. . . ," and "healing. . ."

Pregunta 2 ?

¿Qué es el evangelio del reino?

El evangelio, (significa "buenas nuevas"), del reino es la proclama del reino de Dios, el que Jesús inicia enmedio de un mundo ocupado por los poderes de la oscuridad.

Explicación

En el Evangelio de Mateo, el "evangelio del reino", son las buenas nuevas que el reino del cielo está cerca.

Jesús inicia el reino de su Padre con sus primeras palabras públicas: "Arrepiéntanse porque el reino de los cielos está cerca", (Mt 4:17).

El reino de los cielos viene como una voluntad de Dios cumplida, "en la tierra como en el cielo", (Mt 6:10).

Aquellos que entrarán al reino de Dios se incluyen los "pobres de espíritu", (Mt 5:13), los que son perseguidos por hacer lo justo, (Mt 5:10), aquellos que cumplen la voluntad del Pade de Jesús, (Mt 7:21), los que buscan primero el reino de Dios y su justicia, (Mt 6:33), aquellos que se humillan como un niño, (Mt 18:4).

Guía de estudio	Notas
	El reino del cielo es visible cuando Jesús expulsa demonios, (Mt 12:28), sana al enfermo, alimenta multitudes y defiende al excluído. También es visible por sus discípulos, a quienes les da "las llaves del reino", para que todo lo que aten en la tierra, sería atado en los cielos" y todo lo que desaten en la tierra sería desatado en los cielos", (Mt 16:19).
	"El evangelio del reino se predicará en todo el mundo como testimonio a todas las naciones y entonces vendrá el fin", (Mt 24:14).
	Jesús es el rey en el reino de Dios. Su reino empieza cuando se le crucifica como "rey de los judíos" y vence al dirigente de este mundo con su resurrección.
Pregunta3 ?	
¿Qué nos dicen las actividades de Jesús acerca de él mismo?	Toma la iniciativa de ir a todas partes donde la gente reside, (ciudades y aldeas).
	Va a lugares donde la gente se reúne a alabar, (sinagogas).
	Publicamente, anuncia un nuevo movimiento que implica vivir la voluntad de su Padre en la tierra.
	Se preocupa de aquellos que sufren de enfermedades y dolencias. Demuestra su amor y autoridad al sanar a la gente.
Pregunta 4 ?	
¿Cuáles son algunas de las enfermedades y dolencias de las que necesitamos sanar?	Invite a la gente a nombrar las aflicciones que están padeciendo ellos u otros que conocen.

Guía de estudio	Notas

Leer Mateo 9:36 📖

"Al ver a las multitudes, tuvo compasión de ellas, porque estaban agobiadas y desamparadas, como ovejas sin pastor".

Pregunta 5 ?

Cuando Jesús ve a la gente, ¿cómo responde?

Siente compasión por ellos.

Pregunta 6 ?

¿Por qué Jesús siente compasión por la gente?

La ve agobiada y desamparada. La ve como ovejas sin pastor, que ha sido abandonada y nadie la está pastoreando.

Explicación ✓

Compasión, (splagchnizomai) significa "moverse como se mueven nuestras entrañas, y desde aquí, moverse con compasión, (porque se piensa que en las entrañas se asientan el amor y la piedad)", (Thayer).

Agobiada, (*skullo*), significa estar destrozada, afligida, molesta. (Thayer).

Desamparada, (*rhipto*) que significa ser tirada, expulsada, rechazada, abatida, desanimada, (Louw & Nida).

Israel, algunas veces, se le describe como una oveja sin pastor, (Núm 27:17; 1 Rey 22:17). Los profetas presentan a los líderes de Israel como pastores que han dispersado las ovejas de Dios, (Jer 23:1–2). El Señor mismo juntará las que quedan de su rebaño y las levantará sobre ellos y las atenderá, (Jer 23:3; Ez 34:8).

Guía de estudio	Notas

Pregunta 7 ?

¿Qué causa que se sienta agobiado o desamparado?

¿Ve gente, a su alrededor, que esté luchando, en la actualidad?

Pregunta 8 ?

¿Ve gente que parezca oveja sin pastor, que no tenga ningún apoyo para navegar sus vidas?

¿Dónde ve esto y por qué cree que esto esté pasando?

Leer Mateo 9:37–38 📖

"La cosecha es abundante, pero son pocos los obreros —les dijo a sus discípulos—. Pídanle, por tanto, al Señor de la cosecha que envíe obreros a su campo".

Pregunta 9 ?

¿Qué le dice Jesús a sus discípulos?

¿Qué quiere que hagan ellos

Jesús reconoce que es mucha la cosecha, pero no hay suficientes trabajadores para recogerla.

Jesús instruye a sus discípulos que le rueguen al Señor de la cosecha que mande más trabajadores.

Explicación ✓

Jesús da el modelo de levantar la cosecha al proclamar el reino de los cielos, al sanar y al arrojar demonios.

Jesús dice a sus discípulos que intercedan con el Señor de la cosecha, (él mismo), que envíe trabajadores, usando el verbo griego, *ekballo*, que se usa para arrojar demonios. El movimiento de Jesús se dirige al Padre.

Guía de estudio	Notas
Leer Mateo 10:1 📖	
"Reunió a sus doce discípulos y les dio autoridad para expulsar a los espíritus malignos y sanar toda enfermedad y toda dolencia".	
Pregunta 10 ?	
¿Qué hace Jesús aquí?	Jesús reúne a sus doce discípulos. Les da autoridad, (*exousia*), para expulsar espíritus y sanar toda enfermedad y toda dolencia.
	Los recluta como pastores para asistir a las ovejas que no tienen pastor.
Explicación ✓	Jesús actúa como el Señor de la cosecha, llama a sus discípulos dándoles autoridad para hacer su trabajo de sanación y liberación.
Invitación ⟶	
¿Le gustaría unirse a Jesús en recoger la cosecha al participar en su misión de anunciar el reino de los cielos, así como él lo hizo?	Invite a la gente a que Jesús le dé permiso a reclutarlos para unirse a su movimiento de compasión para los agobiados y desamparados, que son como ovejas sin pastor.
	Invite a la gente a expresar su interés en seguir a Jesús, ya sea en silencio o en voz alta.
	Cierre con una oración.

11.

JESÚS EMPODERA Y ENVÍA A SUS DISCÍPULOS

MATEO 10:1, 5-16

Guía de estudio	Notas
Introducción	Jesús le da a sus doce discípulos la autoridad de arrojar malos espíritus y sanar todo tipo de males. Entonces, los moviliza como pastores y trabajadores para expander su campo de influencia, el reino de Dios.

Hace lo esto para responder compasivamente a las multitudes agobiadas y desamparadas, quienes se identifican como ovejas sin pastor.

Veamos más de cerca la misión que Jesús le da a sus discípulos. |
| **Leer Mateo 10:1**   📖

"Reunió a sus doce discípulos y les dio autoridad para expulsar a los espíritus malignos y sanar toda enfermedad y toda dolencia". | |
| **Pregunta 1**   ?

¿Qué hace Jesús aquí? | Llama a sus doce discípulos. Les da autoridad, (*exousia*), para arrojar espíritus y sanando cada enfermedad y dolencia.

Jesús multiplica a sus trabajadores para la cosecha, (ver Mat 9:37–38). |
| **Explicación**   ✓ | Jesús recibe su autoridad de Dios, en su bautismo, cuando los cielos se abren, el Espíritu de Dios desciende sobre él en forma de paloma, y el Padre dice: "."Éste es mi Hijo amado; estoy muy complacido con él", (Mat 3:16–17).

Inmediatamente después de su bautismo, Jesús comienza a predicar, sanar, arrojar demonios, (Mat 4:23–24). |

Guía de estudio	Notas
	La gente se da cuenta de la autoridad de Jesús cuando enseña, "porque les enseñaba como quien tenía autoridad, y no como los maestros de la ley", (Mat 7:29).
	Jesús, inmediatamente, llama a sus discípulos a unirse en esta misión. Aquí, les da su misma autoridad, para luego enviarlos a hacer lo mismo, para lo que él mismo fue enviado.
	Después de su muerte y su resurrección, Jesús da la autoridad para comisionar a sus discípulos para su misón, que incluye hacer discípulos de todas las naciones, (Mt 28:18).

Leer Mateo 10:5–6

"Jesús envió a estos doce con las siguientes instrucciones: 'No vayan entre los gentiles ni entren en ningún pueblo de los samaritanos. Vayan más bien a las ovejas descarriadas del pueblo de Israel'".

Pregunta 2

¿Cuál es la primera prioridad que a Jesús le parece más importante en su misión?

¿Quiénes son las ovejas perdidas de Israel?

Jesús manda a sus doce discípulos a un grupo específico de personas, "las ovejas perdidas de la casa de Israel"; y no a las otras, (los gentiles o no judíos). Este es un lineamiento con la prioridad histórica de levantar a su pueblo, Israel, como un pueblo misionario a todas las naciones, (ver Gén 12:1–4).

Guía de estudio	Notas
Explicación ✓	Las "ovejas perdidas de la casa de Israel", representan al pueblo judío que no se pastoreó a que llevara a cabo su llamado como pueblo misionero de Dios.
	Jesús critica a los escribas y los fariseos, los líderes religiosos de la época por ser guías ciegos, (Mat 23:16, 24).
	Aquí, Jesús empodera a los discípulos a que sean pastores que cuidan al pueblo de Dios, Israel, (ver Jer 23:1–4).
Leer Mateo 10:7 📖 "Dondequiera que vayan, prediquen este mensaje: 'El reino de los cielos está cerca'".	
Pregunta 3 ? De acuerdo a este versículo, ¿los discípulos qué se les llama a hacer?	A predicar, a donde sea que vayan, "el reino de los cielos está cerca". "Predicar" significa declarar como un pregonero público.
	La primera prioridad de los discípulos es declarar el nuevo reino del reino de Jesús. La agenda de este reino se puede sumar en estas palabras, "en la tierra como en el cielo".
Leer Mateo 10:8 📖 "Sanen a los enfermos, resuciten a los muertos, limpien de su enfermedad a los que tienen lepra, expulsen a los demonios. Lo que ustedes recibieron gratis, denlo gratuitamente"	

Guía de estudio	Notas
Pregunta 4 ?	
¿Qué otras acciones les manda a poner en práctica a sus discípulos?	Los instruye a que sanen al enfermo, resuciten a los muertos, limpien a los leprosos y expulsen demonios. Los exorta a que no cobren por sus servicios, que hagan su ministerio del reino sin cobrar.
Pregunta 5 ?	
¿Qué nos dicen estas instrucciones acerca de Jesús y el reino de Dios?	Jesús manda a sus discípulos a anunciar las buenas nuevas y a realizar actos de poder a aquellos que lo necesiten y a los marginados: el enfermo, el muerto, el leproso, el endemoniado y el pobre.
Leer Mateo 10:9–10 📖	
"'No lleven oro ni plata ni cobre en el cinturón, ni bolsa para el camino, ni dos mudas de ropa, ni sandalias, ni bastón; porque el trabajador merece que se le dé su sustento'".	
Pregunta 6 ?	
¿Qué otras instrucciones le da Jesús a sus discípulos aquí? ¿Por qué?	Jesús instruye a sus seguidores a no hacer dinero o prepararse ellos mismos para su viaje. Los manda sin nada, vulnerables, de tal manera que dependan completamente de aquellos a quienes van a servir.
Explicación ✓	Jesús facilita a sus discípulos irse como misioneros al prohibirles llevar dinero o posesiones; de esa manera, hasta el más pobre pueda involucrarse en su misión.

Guía de estudio	Notas

Leer Mateo 10:11 📖

"'En cualquier pueblo o aldea donde entren, busquen a alguien que merezca recibirlos, y quédense en su casa hasta que se vayan de ese lugar'".

Pregunta 7 ❓

¿Cómo van a determinar los discípulos con quién se van a quedar cuando lleguen a un pueblo?

Le van a preguntar a los que viven en el pueblo quien valdría la pena que los recibiera. Estarían en la misma casa hasta que tuvieran que irse. Como misionarios, entran en una comunidad como invitados en vez de dar la bienvenida como anfitriones.

Leer Mateo 10:12–13 📖

"Al entrar, digan: 'Paz a esta casa'. Si el hogar se lo merece, que la paz de ustedes reine en él; y si no, que la paz se vaya con ustedes".

Pregunta 8 ❓

Como misioneros, ¿cómo se supone que deben tratar a los anfitriones?

Ofrecerles un bendición de paz, si es que los anfitriones merecen recibirla.

Ahora veamos, según Lucas, el relato de las instrucciones de Jesús.

Guía de estudio	Notas

Leer Lucas 10:5–9 📖

"Cuando entren en una casa, digan primero: 'Paz a esta casa'. Si hay allí alguien digno de paz, gozará de ella; y si no, la bendición no se cumplirá. Quédense en esa casa, y coman y beban de lo que ellos tengan, porque el trabajador tiene derecho a su sueldo. No anden de casa en casa. Cuando entren en un pueblo y los reciban, coman lo que les sirvan. Sanen a los enfermos que encuentren allí y díganles: 'El reino de Dios ya está cerca de ustedes'"

Pregunta 9 ?

Comparando los relatos con el de Mateo, ¿qué diferencias encuentra en las instrucciones de Jesús?

El relato de Lucas no instruye a sus discípulos a preguntar por los dignos del pueblo, que puedan alojarlos.

El relato de Lucas les dice que permanezcan en la casa, que coman y beban, porque todo trabajador merece su sueldo. También les dice que sanen a los que estén enfermos y les digan, "el reino de Dios está cerca".

Ahora veamos cómo Jesús instruye a los discípulos que respondan cuando ellos no son recibidos.

Leer a Mateo 10:14–15 📖

"'Si alguno no los recibe bien ni escucha sus palabras, al salir de esa casa o de ese pueblo, sacúdanse el polvo de los pies. Les aseguro que en el día del juicio el castigo para Sodoma y Gomorra será más tolerable que para ese pueblo'".

Guía de estudio	Notas
Pregunta 10 ?	
¿Cuáles son las instrucciones de Jesús a sus discípulos cuando ellos no sean recibidos?	Les dice que se salgan de la casa o de la ciudad y que se sacudan el polvo de sus pies.
¿Por qué?	Los discípulos posiblemente, les advertían a aquellos que los rechazaban a ellos y a su mensaje, de la gravedad de negarse al mensaje de salvación.
	"Sacudirse el polvo de" sus pies, podría ser una manera de tratar el rechazo de la gente y la decepción de los discípulos. Jesús no querrá que se sientan abatidos y desanimados al ir a la siguiente comunidad.
Leer Mateo 10:16 📖	
"Los envío como ovejas en medio de lobos. Por tanto, sean astutos como serpientes y sencillos como palomas".	
Pregunta 11 ?	
¿Cómo describe Jesús "las ovejas perdidas de la casa de Israel"?	Jesús advierte a sus discípulos que el mundo le es hostil y a su mensaje, y los manda como presa vulnerable, ovejas en medio de lobos.
¿Cómo deberían comportarse los discípulos mientras están en la misión?	
	Jesús los instruye a ser astutos como serpientes e inocentes como palomas.
Pregunta 12 ?	
¿Les parecen relevantes las instrucciones de Jesús en la actualidad?	
¿Cómo las podemos poner en práctica en nuestras comunidades?	

Guía de estudio	Notas
Invitación ———▷	Invite a los participantes a que le pidan a Jesús que les muestre lo que significa que él los envíe ahora.

12.

JESÚS LIBERA Y DA COMISIÓN AL POSEÍDO DE DEMONIOS DE GERASENE

MARCOS 5:1-20

Guía de estudio	Notas
Introducción	Despúes de dar ministerio entre su propia gente en Galilea, enseñándolos en las sinagogas, en sus hogares y al pie del mar, Jesús invita a sus discípulos a que lo sigan en un misión, al "otro lado del mar", (Mar 4:35). Cuando llegan, un hombre está completamente mal y está completamente marginado por la sociedad y oprimido por espíritus demoníacos; el hombre va a buscarlos. Veamos cómo recibe Jesús a este hombre, al que libera y lo manda como misionero entre su propia gente.
Leer Marcos 5:1–2 📖 "Cruzaron el lago hasta llegar a la región de los gerasenos. Tan pronto como desembarcó Jesús, un hombre poseído por un espíritu maligno le salió al encuentro de entre los sepulcros".	
Pregunta 1 ? ¿Adónde va Jesús y qué pasa en estos versículos?	Jesús y sus discípulos llegan al otro lado del mar en la región de los gerasenos. Tan pronto como Jesús desembarca, un hombre que andaba entre las tumbas, poseído por un espíritu maligno le sale al encuentro.
Explicación ✓	El que el hombre lo encuentre, (hypantao) puede ser positivo, como cuando Jesús resucitado encuentra a sus discípulos, (Mat 28:9), o cuando la gente se encuentra con Jesús, (Jn 11:20, 30; 12:18), o negativo como ir a la guerra (Luc 14:31).

Guía de estudio	Notas

Pregunta 2

¿Qué nos dice esto acerca de Jesús?

Jesús va directo a los lugares donde tiene esos encuentros con la gente oprimida que se siente atraída hacia él. Jesús y los oprimindos parecen atraerse mutuamente.

Veamos qué pasa después.

Leer Marcos 5:3–5

"Este hombre vivía en los sepulcros, y ya nadie podía sujetarlo, ni siquiera con cadenas. Muchas veces lo habían atado con cadenas y grilletes, pero él los destrozaba, y nadie tenía fuerza para dominarlo. Noche y día andaba por los sepulcros y por las colinas, gritando y golpeándose con piedras".

Pregunta 3

¿Qué sabemos acerca de este hombre?

Vive enmedido de las tumbas. Nadie lo puede atar, ni con cadenas; la gente trató de hacerlo pero rompió las cadenas y los grilletes en pedazos. Nadie es lo suficientemente fuerte para dominarlo.

Constantemente, noche y día, grita entre las tumbas y las montañas, lugares alejados de la gente.

Se daña él mismo, golpeándose con las piedras.

Guía de estudio	Notas
Pregunta 4 ❓	Aquellos que están en las prisiones y tienen penas por faltar a la ley. Muchos lo vuelven a hacer porqu el sistema legal no trae alivio.
¿Vemos gente como ese hombre, en nuestras comunidades o en el mundo, en la actualidad?	
	Muchos con desórdenes mentales siguen sufriendo. Muchas personas se dañan así mismos, ya sea cortándose, usando drogas y por otros medios.
	Veamos cómo responde este hombre a Jesús.
Leer Marcos 5:6–7 📖	
"Cuando vio a Jesús desde lejos, corrió y se postró delante de él.	
—¿Por qué te entrometes, Jesús, Hijo del Dios Altísimo? —gritó con fuerza—. ¡Te ruego por Dios que no me atormentes!	
Pregunta 5 ❓	Lo ve desde lejos. Corre hacia a él y se postra ante él, sometiéndose ante su autoridad superior.
¿Cómo responde este hombre a Jesús?	
	Reconoce su identidad, al nombrarlo Hijo de Dios. Le grita en voz alta: "¿Por qué te entrometes, Jesús, Hijo del Dios Altísimo? gritó con fuerza", (literalmente, ningún asunto hay entre nosotros).
	El hombre le ruega: "¡Te ruego por Dios que no me atormentes!".

Guía de estudio	Notas

Preguntas adicionales

¿Es qué el hombre se postra ante él como un acto de sumisión porque tiene miedo de que le haga daño, o porque lo está alabando?

Al gritarle en voz alta, ¿le está advirtiendo a Jesús que no merece su ayuda?

¿Es que el hombre está preocupado de que Jesús lo lastimara como los otros que trataron de someterlo?

Leer Marcos 5:8–9

"Es que Jesús le había dicho: ¡Sal de este hombre, espíritu maligno!

—¿Cómo te llamas? —le preguntó Jesús.

—Me llamo Legión —respondió—, porque somos muchos".

Pregunta 6

¿Con quién está hablando Jesús?

¿Quién le está contestando a Jesús?

Jesús le dice al espíritu maligno, "¡Sal de este hombre, espíritu maligno¡"

Luego, Jesús le pregunta su nombre.

El espíritu maligno le contesta a través del hombre: "Mi nombre es Legión, porque somos muchos".

Guía de estudio	Notas

Explicación ✓

Jesús se dirige al hombre que está hospedando a los demonios, ("le había dicho"); aunque le habla al espíritu maligno como una persona más: "¡Sal de este hombre, espíritu maligno¡".

El hombre le contesta a Jesús: "Mi nombre es Legión, porque somos muchos". Esto muestra que el hombre ha tomado la identidad que los espíritus malignos le han dado. Jesús entabla conversación con el hombre como cualquier ser humano.

Una legión la formaban 5,500 soldados romanos, aproximadamente.

Leer Marcos 5:10–13 📖

"Y con insistencia le suplicaba a Jesús que no los expulsara de aquella región.

Como en una colina estaba paciendo una manada de muchos cerdos, los demonios le rogaron a Jesús:

—Mándanos a los cerdos; déjanos entrar en ellos.

Así que él les dio permiso. Cuando los espíritus malignos salieron del hombre, entraron en los cerdos, que eran unos dos mil, y la manada se precipitó al lago por el despeñadero y allí se ahogó".

Guía de estudio	Notas
Pregunta 7	
¿Qué le pide el hombre a Jesús?	El hombre le ruega que no los mande fuera del poblado, (al sacarlos de él).
¿Cómo respnde Jesús al pedido del hombre?	Hay una piara de cerdos que están comiendo, cerca de las montañas y los demonios le imploran a Jesús que "los deje entrar a los cerdos".
	Jesús les da permiso a los demonios a que entren a los cerdos.
	La piara corren al despeñadero y caen al mar, eran como dos mil cerdos que se ahogaron.
Explicación	Los judíos en Israel, consideran a los cerdos, animales impuros y tienen prohibido comerlos por la ley mosaica. La piara de cerdos, posiblemente, eran criados fuera de Israel para provisicnar de alimento a las tropas romanas que ocupaban Israel. La palabra "legión" asocia los espíritus impuros con la ocupación romana.
	Esta historia nos muestra que este hombre está afectado de espíritus impuros, lo que se asocia con la práctica de suplirlos con la ocupación romana de Israel, la que simboliza el reino de Dios.
	Los cerdos era un símbolo de paganismo es esa época. Los cananeos ofrecían cerdos como ofrendas religiosas.
	La legión romana, *Legio X Fretensis* tenía un jabalí como su símbolo.

Guía de estudio	Notas

Cuando Jesús permite que la legión de demonios entren a los cerdos, el término griego que se usa es *epitrepo*, que los oficiales usan para dar permiso a que las tropas descansen.

En la descripción de los cerdos despeñándose, el verbo en griego es *hormao*, que se usa cuando las tropas cargan contra el enemigo en las batallas.

Legión termina igual que el ejército del faraón que fue destruido, cuando cruzaba el Mar Rojo.

Veamos qué pasa, después.

Leer Marcos 5:14–17

"Los que cuidaban los cerdos salieron huyendo y dieron la noticia en el pueblo y por los campos, y la gente fue a ver lo que había pasado. Llegaron adonde estaba Jesús, y cuando vieron al que había estado poseído por la legión de demonios, sentado, vestido y en su sano juicio, tuvieron miedo. Los que habían presenciado estos hechos le contaron a la gente lo que había sucedido con el endemoniado y con los cerdos. Entonces la gente comenzó a suplicarle a Jesús que se fuera de la región".

Guía de estudio	Notas
Pregunta 8 **?**	
¿Cómo reacciona la gente del pueblo al encuentro de Jesús con el hombre?	Los pastores corrieron a reportar lo que había pasado al pueblo y a los campos.
	La gente llegó a ver lo sucedido. La gente llegó con Jesús y vieron al hombre, que había estado poseído, sentado, vestido y en su sano juicio.
	Tuvieron miedo y le imploraron a Jesús que dejara la región.
	Veamos que pasa después.
Leer Marcos 5:18–20 📖	
Mientras subía Jesús a la barca, el que había estado endemoniado le rogaba que le permitiera acompañarlo. Jesús no se lo permitió, sino que le dijo:	
—Vete a tu casa, a los de tu familia, y diles todo lo que el Señor ha hecho por ti y cómo te ha tenido compasión.	
Así que el hombre se fue y se puso a proclamar en Decápolis lo mucho que Jesús había hecho por él. Y toda la gente se quedó asombrada.	
Pregunta 9 **?**	
¿Qué hacen Jesús y el hombre, después?	Jesús se sube al bote para irse; el hombre le implora que le permita ir con él.
	Jesús no lo deja ir con él, le dice que regrese con su gente con la misión de decirles cómo Dios tuvo misericordia de él.

Guía de estudio	Notas

Pregunta 10   ?

¿En qué termina la historia?

El hombre va y proclama las grandes cosas que Jesús hizo por él en Decápolis, (las diez ciudades). Todos estaban maravillados.

Explicación   ✓

Los pastores van al pueblo y a los campos y reportan la noticia, (*apaggello*, "traer la palabra, anunciar"), "la noticia", lo que pasó al poseído y todo sobre los cerdos. Esto lleva a la gente a tener miedo y pedirle a Jesús que deje su región.

Jesús manda al hombre a que regrese a su gente a "reportarles", (*apaggello*), las grandes cosas que el Señor ha hecho por él, y cómo tuvo compasión por él. El hombre regresa con su gente y comienza a proclamar estas cosas en Decápolis, (una región más grande que el pueblo y los campos de los pastores). Todos estaban maravillados.

Pregunta 11   ?

¿Qué misión le da Jesús al hombre?

¿Cómo podría ser, aquí y ahora en nuestra comunidad?

Jesús lo manda a su casa y su pueblo para que reporte todas las grandes cosas que el Señor había hecho por él.

Jesús le da todo el crédito al Señor, (*Kurios*).

Cuando la gente comparte historias personales acerca de lo que Jesús ha hecho por ella, uno se maravilla, (no da miedo).

Guía de estudio	Notas
Pregunta 12 ?	
¿Cómo es Jesús en esta historia?	Jesús va a una misión deliberada, a buscar a alguien con una aflicción extrema. Muestra un cuidado respetuoso y una autoridad que trae liberación.
	Jesús distingue entre el hombre que tiene esta aflicción y los poderes que lo oprimen. Demuestra intolerancia y violencia en contra de los poderes espirituales depredadores al arrojar los demonios a los cerdos.
	Jesús restaura al hombre su integridad. Manda al hombre de regreso a su comunidad como un misionero.
Invitación ⟶	¿Se siente atraído por Jesús en esta historia? ¿Le gustaría participar en su misión de liberación?
	Invite a la gente a expresar su deseo de seguir a Jesús, ya sea en silencio o en voz alta.
	Cierre con una oración.

13.

JESÚS ENFRENTA A SAULO Y RECLUTA A ANANÍAS

HECHOS 9:1-18

Guía de estudio	Notas

Introducción

En Hechos 9, Jesús resucitado se aparece a Saulo, quien persigue cristianos. Con el encuentro, Saulo queda incapacitado y ciego. El Señor, recluta a Ananías, un sirio cristiano, para que vaya a buscar a Saulo en Damasco, con la misión de sanar su ceguera, llenarlo del Espíritu y bautizarlo para su misión como apóstol de todas las naciones.

Antecedentes

La primera vez que Saulo aparece es en Hechos 7:58, cuando apedrean a Esteban, el primer mártir cristiano, el día cuando una gran persecución comienza contra los seguidores de Jesús, (Hechos 8:1). A Saulo se le describe "que estaba ahí, aprobando la muerte de Esteban", (8:1) y " causaba estragos en la iglesia: entrando de casa en casa, arrastraba a hombres y mujeres y los metía en la cárcel" (8:3).

El movimiento de los primeros cristianos lo referían como "el Camino", en Hechos, (19:9, 23; 22:4; 24:14, 22), referencias al camino de Dios (Isa 30:21; Sal 27:11; Hech 18:25, 26; Mat 22:16).

Leer Hechos 9:1–2 📖

Mientras tanto, Saulo, respirando aún amenazas de muerte contra los discípulos del Señor, se presentó al sumo sacerdote[2] y le pidió cartas de extradición para las sinagogas de Damasco. Tenía la intención de encontrar y llevarse presos a Jerusalén a todos los que pertenecieran al Camino, fueran hombres o mujeres.

Guía de estudio	Notas
Pregunta 1 ?	Saulo está amenazando a los discípulos de Jesús, anda pidiendo autorización del sumo sacerdote para buscarlos por las sinagogas de Damasco, arrestarlos y llevarlos presos a Jerusalén.
¿Adónde va Saulo y qué está haciendo?	
Leer Hechos 9:3–4 📖	
"En el viaje sucedió que, al acercarse a Damasco, una luz del cielo relampagueó de repente a su alrededor. Él cayó al suelo y oyó una voz que le decía:	
—Saulo, Saulo, ¿por qué me persigues?"	
Pregunta 2 ?	Una luz del cielo, de repente, relampagueó a su alrededor y cayó al suelo.
¿Qué le sucede a Saulo? ¿Qué palabras usa para hablar con él?	
	Oyó una voz que le hablaba directamente a él y le decía: "Saulo, Saulo, ¿por qué me persigues?"
Explicación ✓	Una luz del cielo, de repente; nos viene a la mente, el "de repente, vino del cielo un ruido como el de una violenta ráfaga de viento" en Pentecostés, (Hech 2:2), revelando esto como un momento de la acción directa de Dios.
	Llamar a alguien dos veces por su nombre, se repite en las Escrituras, también: cuando Dios se dirige a Abraham, (Gén 22:11), a Jacob (Gén 46:2), a Moisés, (Éx 3:4), a Samuel (1 Sam 3:10), a Martha (Luc10:41), y a Simón (Luc 22:31).

Guía de estudio	Notas

Leer Hechos 9:5–6 📖

—¿Quién eres, Señor? —preguntó.

—Yo soy Jesús, a quien tú persigues — le contestó la voz—. Levántate y entra en la ciudad, que allí se te dirá lo que tienes que hacer.

Pregunta 3 ?

¿Qué pregunta Saulo y cuál es la respuesta?

Se dirige a la voz como "Señor" y le pregunta su nombre.

Jesús se identifica como el que Saulo está persiguiendo.

Jesús le dice que se levante, que entre a la ciudad y que allí espere a que le den instrucciones de lo que tiene que hacer.

Explicación ✓

Jesús se dirige a Saulo primero con una frase que hace énfasis en una revelación divina,"Yo soy", (*ego eimi*), como en la versión griega del Éxodo 3:14; Jn 6:35, 41, 48, 51; 8:12, 58; 9:5; 10:7, 9, 11, 14; 11:25; 14:6; 15:1, 5; 18:--5).

Jesús se identifica completamente con los discípulos que envía; y si los persigue, es sinónimo de perseguirlo a él, (Mat 10:40; Luc 10:16; 9:48; Jn 13:20).

En este momento, Saulo sale de la autoridad del sumo sacerdote y queda bajo la autoridad de Jesús.

Guía de estudio	Notas

Leer Hechos 9:7–9 📖

"Los hombres que viajaban con Saulo se detuvieron atónitos, porque oían la voz pero no veían a nadie. Saulo se levantó del suelo, pero cuando abrió los ojos no podía ver, así que lo tomaron de la mano y lo llevaron a Damasco. Estuvo ciego tres días, sin comer ni beber nada".

Pregunta 4 ❓

¿Cuál fue la experiencia de los hombres de Saulo en este encuentro?

¿Qué pasa después?

Notas: Los hombres se quedaron atónitos; escuchaban la voz de Jesús, pero no veían a nadie.

Saúl se levanta, abre su ojos, pero no puede ver. Sus hombres lo llevaron a Damasco, donde estuvo tres días sin ver, ni comer, ni beber nada.

Pregunta 5 ❓

¿Cómo se transtorna la vida y la misión de Saulo con este encuentro con Jesús?

Notas: Jesús, el resucitado, lo incapacita; sin poder ver, Saulo no puede identificar a la gente que está tratando de arrestar. Jesús lo para de su misión de persecución para reclutarlo a una nueva misión.

Leer Hechos 9:10 📖

Había en Damasco un discípulo llamado Ananías, a quien el Señor llamó en una visión.

—¡Ananías!

—Aquí estoy, Señor.

Guía de estudio	Notas

Pregunta 6 ❓

¿Qué nos dice este versículo acerca de Ananías?

Ananías es un discípulo de Jesús que vive en Damasco. Tal vez, era uno de los que iba a arrestar Saulo.

El Señor se dirige a él por su nombre en una visión.

Ananías reconoce que Dios lo está llamando por su nombre. Muestra su disposición cuando le contesta: "Aquí estoy, Señor".

Leer Hechos 9:11–12 📖

"—Anda, ve a la casa de Judas, en la calle llamada Derecha, y pregunta por un tal Saulo de Tarso. Está orando, y ha visto en una visión a un hombre llamado Ananías, que entra y pone las manos sobre él para que recobre la vista".

Guía de estudio	Notas
Pregunta 7 ?	

¿Qué le dice el Señor a Ananías que haga? ¿Podría ser un desafío esto para Ananías?

El Señor le da una orden a Ananías: "anda y ve", seguido por las instrucciones muy detalladas para guiarlo, (nombre de la calle, del dueño de la casa, el nombre de Saulo y su lugar de nacimiento).

Dios le provee con información muy precisa reciente de antecedentes acerca de Saulo, (está orando, tiene una visión cuando entra Ananías, pone las manos sobre él, para que pueda recuperar la vista).

Dios le da órdenes a Ananías para que busque a un conocido perseguidor de cristianos, un enemigo de cristianos en Damasco. Dios le dice a Ananías que Saulo ya tuvo una visión donde se le revela el nombre de Ananías. Dios le dice a Ananías, indirectamente, (por medio del relato de la visión de Dios a Saulo), que ore para que Saulo recupere la vista. Esta sanación haría que Saulo identificara y pudiera arrestar a Ananías.

Leer Hechos 9:13–14 📖

Entonces Ananías respondió:

—Señor, he oído hablar mucho de ese hombre y de todo el mal que ha causado a tus santos en Jerusalén. Y ahora lo tenemos aquí, autorizado por los jefes de los sacerdotes, para llevarse presos a todos los que invocan tu nombre.

Guía de estudio	Notas

Pregunta 8 ?

¿Cómo responde Ananías a las órdenes del Señor?

Reporta al Señor detalles acerca de la reputación de Saulo. Ananías ha escuchado de muchos el gran daño que ha hecho Saulo a los cristianos en Jerusalén.

Ananías ha escuchado que Saulo tiene la autoridad de arrestar a todos los llamados del Señor.

Explicación ✓

Ananías parece hablar con Jesús, quien lo llama "Señor".

La frase, "todos aquellos llamados en su nombre" es una referencia directa al nombre de Jesús, que se destaca en Hech 2:8. Esta frase se usa primero en Hechos 2:36, cuando Pedro dice, "Por tanto, sépalo bien todo Israel que a este Jesús, a quien ustedes crucificaron, Dios lo ha hecho Señor y Mesías", (ver también Hech 2:38; 3:6, 16; 4:10, 12, 17, 18; 5:28, 40, 42; 8:12, 16).

Leer Hechos 9:15–16 📖

—¡Ve! —insistió el Señor—, porque ese hombre es mi instrumento escogido para dar a conocer mi nombre tanto a las naciones y a sus reyes como al pueblo de Israel. Yo le mostraré cuánto tendrá que padecer por mi nombre.

Guía de estudio	Notas
Pregunta 9 ❓ ¿Cómo le responde Ananías al Señor?	El Señor le da a Ananías información privilegiada acerca del llamado de Saulo, cómo él escoge a Saulo para darle una misión difícil y a otras naciones para los no judíos, reyes y para la gente de Israel. El Señor satisface la preocupación del pasado de Saulo cuando le dice que Saulo sufrirá mucho en su nombre.
Leer Hechos 9:17 📖 "Ananías se fue y, cuando llegó a la casa, le impuso las manos a Saulo y le dijo: 'Hermano Saulo, el Señor Jesús, que se te apareció en el camino, me ha enviado para que recobres la vista y seas lleno del Espíritu Santo'".	
Pregunta 10 ❓ ¿Cómo responde Ananías a la orden del Señor?	Se va, entra a la casa donde está Saulo y le impone las manos. Ananías trata a Saulo como uno de sus compañeros creyentes, se dirige a él como "hermano Saulo". Le dice que el Señor Jesús se le apareció en el camino. Esto muestra que Ananías recibió una revelación acerca del encuentro de Saulo con Jesús.
Leer Hechos 9:18-19 📖 "Al instante cayó de los ojos de Saulo algo como escamas, y recobró la vista. Se levantó y fue bautizado; y habiendo comido, recobró las fuerzas".	

Guía de estudio	Notas

Pregunta 11　　　　　?

¿Qué pasó con Saulo?

Cayeron de sus ojos, "algo como escamas", y recobró la vista.

Se levantó, lo bautizaron. Comió y recobró fuerza.

Explicación　　✓

La palabra que se usa aquí, "se levantó", es la misma palabra griega, "resucitado", (de resucitar de la muerte).

Lo que fuera que no le permitía ver a Saulo, Jesús, el Hijo de Dios, el Cristo, lo había removido.

Jesús comienza su nueva vida de resucitada.

Leer Hechos 9:19–22　　📖

'Saulo pasó varios días con los discípulos que estaban en Damasco, y en seguida se dedicó a predicar en las sinagogas, afirmando que Jesús es el Hijo de Dios. Todos los que le oían se quedaban asombrados, y preguntaban: '¿No es éste el que en Jerusalén perseguía a muerte a los que invocan ese nombre? ¿Y no ha venido aquí para llevárselos presos y entregarlos a los jefes de los sacerdotes?' Pero Saulo cobraba cada vez más fuerza y confundía a los judíos que vivían en Damasco, demostrándoles que Jesús es el Mesías".

Guía de estudio	Notas

Pregunta 12 ?

¿Qué cambios visibles tuvo la vida de Saulo, después de su conversión y su baustismo?

Estuvo con los discípulos en Damasco e inmediamente, comenzó a proclamar que Jesús era el Hijo de Dios, en las sinagogas.

Saulo cobraba más fuerza y sorprendía a los judíos demostrándoles que Jesús es el Cristo.

Invitación ⟶

Invite a la gente a que exprese de qué manera los movió esta historia.

Algunos podrían considerar una invitación de Jesús para involucrarlos así como involucró a Saulo o para reclutarlos a un ministerio, como reclutó a Ananías.

Terminé con un tiempo de oración

SUMARIO Y SIGUIENTES PASOS

En los trece estudios de *Estudios bíblicos liberadores, volumen 2: Reclutamiento radical de Dios*, Bob Ekblad contempla el llamado de protagonistas bíblicos escogidos, tales como: Jefté, Abraham, Agar, Moisés, Gedeón, Elizabet, María, Juan, el Bautista, Jesús, los pescadores, Mateo, el poseído geraseno, los discípulos, Saulo y Ananías.

Estos estudios exploran cómo Dios, particular y personalmente, encuentra y llama a cada persona. Estos individuos no demuestran una valía particular como un requisito previo para su reclutamiento. No están orando, haciendo buenas obras, buscando a Dios, o cambiando su vida de una manera visible. Aún así, Dios los escoge por gracia, los llama a participar activamente en la misión de Dios y salvar el mundo. En estas historia, el llamado de Dios es radical y necesita un cambio de vida, una colaboración activa con propósitos divinos y una fe continua. Aquellos que se comprometen en el movimiento de la liberación de Dios, experimentan una abundante vida al ser testigos de otros que se benefician de sanación, liberación, empoderamiento e inclusión en el reino de Dios.

En *Estudios bíblicos liberadores, volumen 3, Entrenamiento básico para el movimiento de Jesús*, buscaremos que otros trece estudios bíblicos incluyan enseñanzas esenciales para los nuevos discípulos que se hayan unido al movimiento de Jesús.